Quick Guide

Reihe herausgegeben von
Springer Fachmedien Wiesbaden
Wiesbaden, Deutschland

Quick Guides liefern schnell erschließbares, kompaktes und umsetzungsorientiertes Wissen. Leser erhalten mit den Quick Guides verlässliche Fachinformationen, um mitreden, fundiert entscheiden und direkt handeln zu können.

Michael Stadler · Kerstin Pichel

Quick Guide Strategisches Management und Digitalisierung

Wie Sie Potenziale der Digitalisierung für Ihre Organisation strategisch nutzen

Michael Stadler
ZHAW School of Management and Law
Winterthur, Schweiz

Kerstin Pichel
ZHAW School of Management and Law
Winterthur, Schweiz

ISSN 2662-9240 ISSN 2662-9259 (electronic)
Quick Guide
ISBN 978-3-658-41981-3 ISBN 978-3-658-41982-0 (eBook)
https://doi.org/10.1007/978-3-658-41982-0

Die Deutsche Nationalbibliothek verzeichnet diese Publikation in der Deutschen Nationalbibliografie; detaillierte bibliografische Daten sind im Internet über http://dnb.d-nb.de abrufbar.

© Der/die Herausgeber bzw. der/die Autor(en), exklusiv lizenziert an Springer Fachmedien Wiesbaden GmbH, ein Teil von Springer Nature 2023

Das Werk einschließlich aller seiner Teile ist urheberrechtlich geschützt. Jede Verwertung, die nicht ausdrücklich vom Urheberrechtsgesetz zugelassen ist, bedarf der vorherigen Zustimmung des Verlags. Das gilt insbesondere für Vervielfältigungen, Bearbeitungen, Übersetzungen, Mikroverfilmungen und die Einspeicherung und Verarbeitung in elektronischen Systemen.
Die Wiedergabe von allgemein beschreibenden Bezeichnungen, Marken, Unternehmensnamen etc. in diesem Werk bedeutet nicht, dass diese frei durch jedermann benutzt werden dürfen. Die Berechtigung zur Benutzung unterliegt, auch ohne gesonderten Hinweis hierzu, den Regeln des Markenrechts. Die Rechte des jeweiligen Zeicheninhabers sind zu beachten.
Der Verlag, die Autoren und die Herausgeber gehen davon aus, dass die Angaben und Informationen in diesem Werk zum Zeitpunkt der Veröffentlichung vollständig und korrekt sind. Weder der Verlag noch die Autoren oder die Herausgeber übernehmen, ausdrücklich oder implizit, Gewähr für den Inhalt des Werkes, etwaige Fehler oder Äußerungen. Der Verlag bleibt im Hinblick auf geografische Zuordnungen und Gebietsbezeichnungen in veröffentlichten Karten und Institutionsadressen neutral.

Planung/Lektorat: Ann-Kristin Wiegmann
Springer Gabler ist ein Imprint der eingetragenen Gesellschaft Springer Fachmedien Wiesbaden GmbH und ist ein Teil von Springer Nature.
Die Anschrift der Gesellschaft ist: Abraham-Lincoln-Str. 46, 65189 Wiesbaden, Germany

Dieses Buch widme ich Andrea, Lena und Noel.

Michael Stadler

Ich widme dieses Buch allen bisherigen und zukünftigen Teilnehmenden des CAS Digitale Strategie und Wertschöpfung – vielen Dank für all die spannenden Fallbeispiele und Diskussionen!

Kerstin Pichel

Inhaltsverzeichnis

1	**Einleitung**	1
	Literatur	5
2	**Grundlagen**	7
	2.1 Begriff „Strategie"	8
	2.2 Strategie-Ebenen	10
	2.3 Strategie-Inhalte	12
	2.3.1 Strategie-Inhalte im engeren Sinne	13
	2.3.2 Strategie-Inhalte im weiteren Sinne	15
	2.4 Strategie-Prozesse	20
	2.4.1 Geplante Strategie-Prozesse	20
	2.4.2 Dynamische Strategie-Prozesse	21
	2.4.3 Open Strategy	22
	2.4.4 Agile Strategie-Prozesse – Strategility	25
	Literatur	32

3	**Analyse**	**37**
3.1	Externe Analyse	39
	3.1.1 Trends	39
	3.1.2 Branche und Ökosystem	40
	3.1.3 Kundschaft	42
	3.1.4 Wettbewerber	43
3.2	Interne Analyse	44
	3.2.1 Finanzen	44
	3.2.2 Prozesse der Wertschöpfung	46
	3.2.3 Kernkompetenzen	47
3.3	SWOT, SWOT^3, strategische Herausforderung	49
3.4	TOWS	51
	Literatur	53
4	**Formulierung**	**55**
4.1	Mission und Vision	57
4.2	Strategische Stoßrichtungen	59
	4.2.1 Digitalisierung zur Effizienzsteigerung	61
	4.2.2 Digitalisierung zur Produktführerschaft oder Differenzierung	63
	4.2.3 Digitalisierung für neue Marktstrukturen	63
4.3	Fünf Elemente einer Strategie	65
	4.3.1 Digitale Entscheidungsthemen in den Arenen	65
	4.3.2 Digitale Entscheidungsthemen zu Methoden der Unternehmensentwicklung	71
	4.3.3 Digitale Entscheidungsthemen zur Differenzierung im Wettbewerb	72
	4.3.4 Digitale Entscheidungsthemen zur Ökonomischen Logik	73
	4.3.5 Digitale Entscheidungsthemen zur zeitlichen Sequenzierung	75
4.4	Bewertung von Strategieoptionen	75
	Literatur	77

5	**Umsetzung**		81
5.1	Umsetzungsplanung		83
	5.1.1	Konkretisierung der Strategie durch Definieren von strategischen Zielen	83
	5.1.2	Anpassungen der Auf- und Ablauforganisation	86
	5.1.3	Kommunikation der Strategie	89
5.2	Umsetzungsmanagement		91
	5.2.1	Führung des Wandels durch Top-Management, Mittleres und Unteres Kader	91
	5.2.2	Controlling der Umsetzung, Überprüfung der Stimmigkeit und Verfolgen der Marktentwicklungen	95
	5.2.3	Strategisches Lernen und adaptives Handeln	97
	Literatur		101
6	**Fazit**		105
	Literatur		108
7	**Anhang**		109

Über die Autoren

Michael Stadler, Dr. rer. pol., M.A. HSG, arbeitet als Dozent am Institute for Organizational Viability an der ZHAW School of Management and Law, Schweiz. In seiner langjährigen Praxistätigkeit konnte er umfangreiche Erfahrungen zu verschiedensten Themen aus dem Strategischen Management sammeln. In der Forschung beschäftigt sich Michael Stadler u. a. mit Open Strategy (offene Strategie-Prozesse), Coopetition (Kooperationen unter Wettbewerbern) und „Denkfehlern" (kognitive Verzerrungseffekte).

Kerstin Pichel, Prof. Dr. oec., leitet die Fachstelle für Strategie & Leadership am Institute for Organizational Viability an der ZHAW School of Management and Law, Schweiz. Sie reflektiert ihre Erfahrungen aus über 25 Jahren Strategieberatung und 13 Jahren Dozententätigkeit in ihrer Forschungs- und Lehrtätigkeit. Ihr Schwerpunkt liegt in der zielführenden Gestaltung von Strategie-Prozessen und Veränderungen der Strategie durch Digitalisierung.

Abbildungsverzeichnis

Abb. 1.1	Aufbau des Buchs	4
Abb. 2.1	Strategie-Ebenen	11
Abb. 2.2	Strategie-Inhalte und Anspruchsgruppen	19
Abb. 2.3	Strategility-Prozess mit Hypothesen und Iterationen	27
Abb. 2.4	Auszug eines Strategility-Boards	31
Abb. 3.1	Überblick Kap. 3 (Analyse)	38
Abb. 3.2	Produktionsprozesse für gedruckte und digitale Zeitungsinhalte	47
Abb. 3.3	Auszug aus einer SWOT3 eines Alterspflegeheims	50
Abb. 3.4	SWOT und TOWS	52
Abb. 4.1	Strategische Führungsgrößen	56
Abb. 4.2	Digitalisierung als Teil von strategischen Führungsgrößen	57
Abb. 4.3	Überblick Kap. 4 (Formulierung)	58
Abb. 4.4	Grundsätzliche Wachstums- respektive Rückzugsoptionen (in Anlehnung an [1])	60
Abb. 4.5	Digitalisierung und strategische Stoßrichtungen	61
Abb. 4.6	Fünf Elemente einer Strategie unter Berücksichtigung der Themen der Digitalisierung (in Anlehnung an [10])	66

Abb. 4.7	Kreislauf zur Wertschöpfung von Daten (in Anlehnung an [32])	70
Abb. 5.1	Überblick Kap. 5 (Umsetzung)	83
Abb. 5.2	Auszug aus einer Strategy Map eines Herstellers von Schutzauffanggittern	85
Abb. 5.3	Planung von Entscheidungskompetenzen	99

1
Einleitung

> **Was Sie aus diesem Kapitel mitnehmen**
>
> - Digitalisierung bezeichnet als Überbegriff die tiefgreifenden Veränderungen in Wirtschaft und Gesellschaft, die durch digitale Technologien hervorgerufen werden.
> - Die Auswirkungen der Digitalisierung werden sowohl positiv als auch negativ wahrgenommen und beurteilt.
> - Grundsätzlich sind alle Organisationen von der Digitalisierung betroffen.
> - Für die Sicherstellung des langfristigen, nachhaltigen Erfolgs ist die Auseinandersetzung mit Potenzialen sowie Risiken in Bezug auf die eigene Organisation von strategischer Bedeutung.
> - Dieses Buch dient Führungspersonen und strategisch Interessierten als Leitfaden für die Gestaltung von Strategie-Prozessen im Kontext der Digitalisierung.

Der Begriff „Digitalisierung" zählt wohl zu den Schlagworten, die in den letzten Jahren in der Wirtschaftswelt und in der Gesellschaft am meisten Beachtung erhalten haben. Die Vielfalt an Bezeichnungen rund um das Phänomen der Digitalisierung ist unüberschaubar geworden. Beispielsweise ist die Rede von der Vierten Industriellen Revolution [1], der digitalen Revolution [2], der Disruption traditioneller Geschäftsmodelle [6] und der Transformation in ein digitales Zeitalter [8, 11, 12].

Auffällig ist, dass Digitalisierung zunehmend polarisierend diskutiert wird. Dabei zeigen sich für die Digitalisierung als umfassenden Megatrend mit Einfluss auf das Wirtschaftssystem positive wie auch negative Auswirkungen.

Einerseits heben Vertreterinnen und Vertreter optimistischer Sichtweisen hervor, dass durch die Digitalisierung neue Arbeitsplätze sowie neue Produkte und Dienstleistungen geschaffen werden. Beispielsweise sehen 96 % von 502 befragten deutschen Unternehmen die Digitalisierung als Chance [3]. Auch die Bevölkerung sieht die Digitalisierung überwiegend positiv. In einer deutschen Studie bezeichnen 87 % der Befragten die Digitalisierung als Chance und 88 % geben an, offen gegenüber digitalen Technologien zu sein [4]. Im Weiteren werden im gesellschaftlichen und politischen Kontext Potenziale durch die Digitalisierung wie neue Formen der Partizipation der Bürgerinnen und Bürger, die Verbesserung der Kommunikation zwischen den Behörden und der Bevölkerung oder gar die Ermöglichung der direkten Demokratie angenommen [9].

Andererseits warnen zunehmend kritische Stimmen vor den negativen Folgen der Digitalisierung. Beispielsweise ist es einigen wenigen Unternehmen wie Alphabet (Google), Amazon, Apple, Meta (Facebook) und Microsoft gelungen, ein globales Quasimonopol zu erschaffen und damit eine weltumspannende Dominanz aufzubauen, die für viele Unternehmen unüberwindbare Hürden darstellt, um im Wettbewerb zu agieren [10]. Die horrenden Bewertungen der sogenannten „Techgiganten" an den Börsen haben ein in der Geschichte einmaliges Maß angenommen. Apple wurde 2018 als erstes Unternehmen überhaupt mit über 1 Mia. USD an der Börse bewertet; Microsoft überschritt diese magische Grenze der Marktkapitalisierung im Jahr 2019, Alphabet 2020 [7].

Wenig überraschend mehren sich Forderungen nach staatlichen Eingriffen, um negativen Effekten der Digitalisierung entgegenzuwirken. Die Europäische Union hat 2022 entschieden, nach dem sogenannten „Digital Markets Act" einen „Digital Services Act" als zweite Maßnahme zur Plattformregulierung einzuführen [5]. Zwei Ziele stehen dabei im Vordergrund. Erstens sollen die „fundamentalen Rechte" der digitalen Nutzerinnen und Nutzer geschützt werden. Zweitens sollen Rahmenbedingungen etabliert werden, um gleiche Wettbewerbsbedingungen zur Förderung von Innovation, Wachstum und Wettbewerbsfähigkeit nicht nur in Europa, sondern auch weltweit sicherzustellen.

In diesem Kontext kommen gewinnorientierte Unternehmen, Non-Profit-Organisationen und staatliche Verwaltungen nicht umhin, sich mit den Auswirkungen der Digitalisierung auseinanderzusetzen. Diese Überlegungen zu Potenzialen und Risiken der Digitalisierung sind für alle Organisationen[1] strategisch von Bedeutung. Mit strategisch ist hier gemeint, dass es sich um Themen handelt, die einen Einfluss auf den langfristigen, nachhaltigen Erfolg einer Organisation haben.

Die Verantwortung dafür liegt insbesondere bei Führungspersonen. Im Zusammenhang mit Digitalisierung stehen grundsätzlich vier Fragen im Vordergrund:

- Welche Chancen ergeben sich durch die Digitalisierung?
- Wie können Risiken der Digitalisierung antizipiert und minimiert werden?
- Welche strategischen Positionierungsmöglichkeiten bieten in der zunehmend digitalisierten Wirtschaftswelt Aussicht auf nachhaltigen Erfolg?
- Welche Ausgestaltungen der wesentlichen Strategiethemen ergeben sich aus dieser strategischen Position?

Hier setzt das vorliegende Buch an. Im Folgenden wird dargelegt, wie Führungspersonen aus einer strategischen Perspektive mit der Thematik Digitalisierung gestaltend Einfluss nehmen können. Zwei Zielsetzungen stehen dabei im Vordergrund. Erstens sind die nachfolgenden Ausführungen darauf ausgerichtet, Orientierung zu stiften,

---

[1] Aus Gründen der Leserfreundlichkeit werden die Begriffe „Organisation" und „Unternehmen" in den folgenden Ausführungen synonym verwendet.

indem relevante Managementinstrumente (häufig auch als „Tools" bezeichnet) und Fragen aufgezeigt werden, um Digitalisierungsaspekte im Strategischen Management zu integrieren. Zweitens werden bewährte Managementtools vorgestellt, die gezielt an den Kontext der Digitalisierung angepasst werden, sowie neue Aspekte bei strategischen Überlegungen beschrieben.

Zunächst wird auf einige Grundlagen im Strategischen Management eingegangen (Kap. 2). Danach folgt die Struktur des Buchs einem klassischen Strategie-Prozess mit den drei Phasen Analyse (Kap. 3), Formulierung (Kap. 4) und Umsetzung (Kap. 5). Die Veränderungen, welche die Digitalisierung in den bewährten Konzepten und Abläufen dieser Phasen mit sich bringt, werden im jeweiligen Kapitel vertieft. In den Schlussbetrachtungen werden in Form eines Fazits Kernpunkte hervorgehoben und zusammenfassend erläutert (Kap. 6). Der Aufbau des Buchs ist in Abb. 1.1 dargestellt.

Dieses Buch richtet sich an alle Personen, die sich mit strategischen Fragen in einer Organisation auseinandersetzen, seien dies Mitglieder des Aufsichts- oder Verwaltungsrates, der Konzern- oder Geschäftsleitung, des Top-Managements, Fachkräfte in Stabsfunktionen für

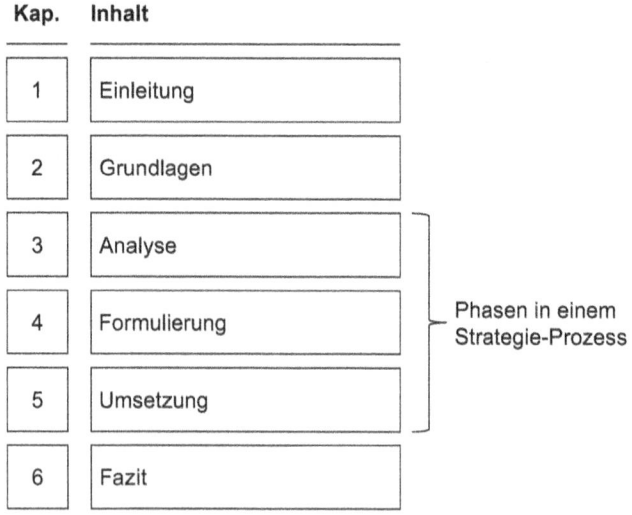

Abb. 1.1 Aufbau des Buchs

Strategische Planung und Unternehmensentwicklung oder interessierte Mitarbeitende. Diesen „strategischen" Akteuren in Organisationen dienen die vorliegenden Ausführungen als Leitfaden, wie bewährte Tools des Strategischen Managements angereichert und angepasst werden können, um relevante strategische Fragen der Digitalisierung zu adressieren.

> **Ihr Transfer in die Praxis**
> - Notieren Sie Effekte, die sich möglicherweise positiv für Ihre Organisation aufgrund der Digitalisierung auswirken.
> - Notieren Sie Effekte, die sich möglicherweise negativ für Ihre Organisation aufgrund der Digitalisierung auswirken.
> - Vergleichen Sie Ihre Liste zu Chancen und Risiken mit den Listen anderer Personen aus Ihrer Organisation.
> - Denken Sie an ein „Vorzeigeunternehmen" aus Ihrer Branche und überlegen Sie, welche konkreten, dort realisierten Aspekte der Digitalisierung auch für Ihre Organisation erfolgskritisch sind.
> - Überlegen Sie, welches die drei wichtigsten Themen für Ihr Unternehmen sind, um Wertschöpfungspotenziale durch die Digitalisierung zu erschließen.

Literatur

1. Acatech. (2013). Umsetzungsempfehlungen für das Zukunftsprojekt Industrie 4.0. https://www.acatech.de/wpcontent/uploads/2018/03/Abschlussbericht_Industrie4.0_barrierefrei.pdf.
2. Birkinshaw, J. (2018). How is technological change affecting the nature of the corporation? *Journal of the British Academy, 6*(s1), 185–214.
3. Bitkom. (2020). Digitale Plattformen, Chartbericht. https://www.bitkom.org/sites/default/files/2020-02/bitkom_digitaleplattformen_2020.pdf.
4. Bitkom. (2022). Mehrheit der Deutschen sieht Digitalisierung als Chance. https://www.bitkom.org/Presse/Presseinformation/Mehrheit-der-Deutschen-sieht-Digitalisierung-als-Chance.
5. Europäische Union. (2022). The Digital Services Act package. https://digital-strategy.ec.europa.eu/en/policies/digital-services-act-package.
6. Gupta, S. (2018). *Driving digital strategy.* Harvard Business Review Press.

7. Handelszeitung. (2022). Der Club der Billionen-Dollar-Konzerne ist deutlich geschrumpft. https://www.handelszeitung.ch/geld/wegen-des-kursrutsches-an-der-wall-street-fallen-die-us-tech-konzerne-amazon-tesla-meta-aus-dem-billionen-dollar-club-547743?utm_source=Handelszeitung+Newsletter&utm_campaign=8c21d59f85-LUNCH_TOPICS_2022_11_18&utm_medium=email&utm_term=0_c1505081ea-8c21d59f85-101604789.
8. Hess, T. (2019). *Digitale Transformation strategisch steuern*. Springer.
9. Hidalgo, O. (2020). Digitalisierung, Internet und Demokratie – Theoretische und politische Verarbeitungen eines ambivalenten Feldes. *Neue Politische Literatur, 65*, 77–106.
10. Kowalsky, M. (November 2020). Too big to care. *Bilanz*, 38–46.
11. Menz, M., Kunisch, S., Birkinshaw, J., Collis, D. J., Foss, N. J., Hoskisson, R. E., & Prescott, J. E. (2021). Corporate strategy and the theory of the firm in the digital age. *Journal of Management Studies, 58*(7), 1695–1720.
12. Schallmo, D., & Rusnjak, A. (2017). Roadmap zur Digitalen Transformation von Geschäftsmodellen. In D. Schallmo et al. (Hrsg.), *Digitale Transformation von Geschäftsmodellen* (S. 1–31). Springer Gabler.

2 Grundlagen

> **Was Sie aus diesem Kapitel mitnehmen**
>
> - Zentrale Merkmale einer Strategie sind grundsätzliche Ausrichtung, Langfristigkeit, Erfolgsorientierung, Positionierung und Ressourcenallokation.
> - Strategische Überlegungen unterscheiden sich nach Organisation-Ebene (Unternehmensstrategie, Geschäftsbereichsstrategie, Funktionalstrategie).
> - Implizite wie auch explizite, ausformulierte Überlegungen zur langfristigen Ausrichtung einer Strategie werden als „Strategie-Inhalte" bezeichnet.
> - Unter dem Begriff „Strategie-Prozess" wird das strukturierte und dynamische Vorgehen verstanden, um Strategie-Inhalte zu entwickeln und umzusetzen.
> - Digitalisierungspotenziale können grundsätzlich zur Erschließung zusätzlicher und gänzlich neuer Ertragsquellen sowie zur Kostenoptimierung genutzt werden.

2.1 Begriff „Strategie"

Der Begriff „Strategie" wird nicht nur im Organisationsalltag, sondern auch beispielsweise im Sport, in der Politik und im Militär häufig und in unterschiedlichen Zusammenhängen verwendet. Es ist deshalb nicht erstaunlich, wenn einige Forschende festhalten, dass der Begriff inflationär und beliebig verwendet wird [11, 15].

Strategie geht auf das griechische Wort „strategos" zurück, was die Kunst der Heeresführung bedeutet [15]. In der Betriebswirtschaftslehre findet die wissenschaftliche Auseinandersetzung zu Strategie insbesondere im Fachgebiet des Strategischen Managements statt. Das Strategische Management bildet seit den 60er-Jahren eine eigenständige Disziplin, die an Universitäten und Hochschulen gelehrt wird [25]. In den vergangenen Jahrzehnten ist eine Vielzahl an wissenschaftlichen Publikationen mit theoretischen Überlegungen und empirischen Studien entstanden.

Für den Begriff „Strategie" sind im betriebswirtschaftlichen Kontext diverse Definitionen vorgeschlagen worden. Nachfolgend werden einige zentrale Merkmale hervorgehoben, um ein Verständnis für „Strategie" zu erlangen.

Der Begriff „Strategie" wird verwendet, um die grundsätzliche und übergeordnete Ausrichtung einer Organisation unter Berücksichtigung eines langfristigen Zeithorizonts zu umschreiben [15, 46]. Unter „Langfristigkeit" ist ein Zeitraum von mehreren Jahren gemeint. Damit grenzen sich Themen des Strategischen Managements ab von operativen Fragestellungen, bei denen eine kurzfristige Sichtweise im Vordergrund steht. Im Weiteren zielt eine Strategie darauf ab, im Ergebnis einen finanziellen und nicht-finanziellen Erfolg sicherzustellen [15, 34, 46]. Dazu bedarf es einer einzigartigen Positionierung, die sich von anderen Wettbewerbern unterscheidet [15, 29]. Wesentliche Fragen der Positionierung betreffen die Auswahl der Märkte und die Bestimmung des Produkt- und Leistungsangebots und daraus abgeleitet die Ressourcenallokation [15, 34].

Bei allen beschriebenen Merkmalen einer Strategie – grundsätzliche Ausrichtung, Langfristigkeit, Erfolgsorientierung, Positionierung und Ressourcenallokation – lassen sich Bezüge zur Digitalisierung herstellen. Letztlich dreht sich alles um die Frage, wie Potenziale der Digitalisierung genutzt beziehungsweise Risiken minimiert werden können. Die Praxisbeispiele Mercedes-Benz Cars und Roche zeigen exemplarisch auf, wie Unternehmen Digitalisierung in ihrer jeweiligen Strategie verankern. Wichtig ist zu erwähnen, dass Strategien selten bis nie im vollen Umfang transparent gemacht werden gegenüber der Öffentlichkeit. Oftmals finden sich Angaben zu Strategien in Jahresberichten und in Präsentationen für Investorinnen und Investoren. Alle Beispiele in diesem Buch sind frei zugänglichen Quellen entnommen. In diesem Sinne sind auch die Praxisbeispiele Mercedes-Benz Cars und Roche zu verstehen – nämlich als Auszug einer detaillierten, umfassenderen Darstellung der Strategie, die lediglich ausgewählten Personen innerhalb des Unternehmens zugänglich ist.

Praxisbeispiel: Strategie Mercedes-Benz Cars

Die Strategie von Mercedes-Benz Cars enthält die Zielsetzung, „die begehrenswertesten Autos der Welt zu bauen" [22]. Hervorgehoben wird zudem die Absicht, die Profitabilität zu erhöhen. Im Weiteren wird der Anspruch erwähnt, „führend" bei der „Transformation in eine emissionsfreie und softwaregetriebene Zukunft" zu agieren [22]. Erwähnt wird auch der Fokus auf das „Kerngeschäft" (Luxusautos), die Ausrichtung auf das „Kundenerlebnis", wie auch das Nutzen der „Potenziale der Digitalisierung" [22].

Praxisbeispiel: Strategie Roche

Die Ausführungen zur Strategie von Roche sind unterteilt in die Abschnitte „Was wir tun" und „Wie wir arbeiten" [33]. Bei der Beschreibung der Produkte und Märkte hebt Roche den „Fokus" auf die Entwicklung von Medikamenten und Diagnostika hervor und erwähnt dabei, dass die Aktivitäten im Geschäft mit Generika, Biosimilars und rezeptfreien Medikamenten nicht intensiviert wird [33]. Vermehrt sollen Daten genutzt werden, um „eine effektivere und effizientere Forschung" zu betreiben, was wiederum zu „besseren Therapieentscheidungen" führen soll [33].

Für die Entwicklung und Umsetzung einer Strategie sind verschiedenste Konzepte, Ansätze und Modelle entwickelt worden. Um eine Auswahl geeigneter Managementtools zu treffen, ist es zunächst wichtig zu verstehen, welche Strategie-Ebene betrachtet wird. Diese werden in Abschn. 2.2 erläutert.

2.2 Strategie-Ebenen

Strategische Fragestellungen unterscheiden sich bezüglich der Ebene, auf der in einer Organisation eine Auseinandersetzung mit der langfristigen Ausrichtung erfolgen soll. Grundsätzlich lassen sich drei Strategie-Ebenen unterscheiden [15, 46]:

- Unternehmensstrategie (Corporate Strategy)
- Geschäftsbereichsstrategie (Business Strategy)
- Funktionalstrategie (Functional Strategy)

Auf der Ebene der Gesamtorganisation ist die Thematik der Unternehmensstrategie angesiedelt. Wesentliche Fragestellungen sind: Wie kann das Unternehmen nachhaltig erfolgreich wachsen? Mit welchen Geschäftsbereichen soll das Unternehmen im Markt agieren? Wie soll die Unternehmenszentrale ausgestaltet sein? Wie kann eine Veränderung vom Ist-Zustand zum anvisierten Ziel erfolgen? Bekannte Konzepte und Managementinstrumente zur Konkretisierung dieser Entscheidungsinhalte sind etwa die Ansoff-Matrix und die BCG-Matrix [15, 25, 46].

Im Zentrum der Geschäftsbereichsstrategie steht die Frage, welche Position im Wettbewerb angestrebt werden soll. Von besonderer Bedeutung ist die Thematik der Wettbewerbsvorteile, denn diese gelten als Schlüssel für den (finanziellen) Erfolg [15]. Konzepte zur Konkretisierung dieser Entscheidungsinhalte sind beispielsweise die Generischen Wettbewerbsstrategien [30], die Fünf Elemente der Strategie [11] und der Business-Model-Canvas-Ansatz [27].

Funktionalstrategien zielen darauf ab, die Ressourcen und Prozesse effektiv und effizient im Sinne der Unternehmens- und

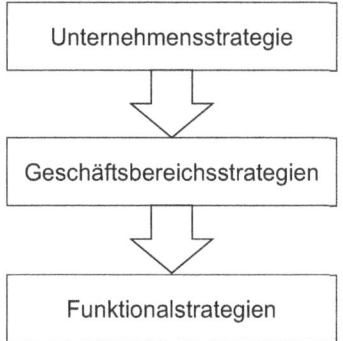

Abb. 2.1 Strategie-Ebenen

Geschäftsbereichsstrategie einzusetzen. Typische Funktionen sind beispielsweise Forschung und Entwicklung, Produktion, Marketing, Personal und IT. Konzepte zur Konkretisierung dieser Entscheidungsinhalte sind zum Beispiel der Marketing-Mix (Produktgestaltung, Preisgestaltung, Distribution und Kommunikation) und Berechnungen zum Synergiepotenzial durch Zentralisierung beziehungsweise Dezentralisierung [25].

Die Strategie-Ebenen sind hierarchisch miteinander verknüpft. Damit ist gemeint, dass eine Unternehmensstrategie in einem übergeordneten Verhältnis zu einer Geschäftsbereichsstrategie steht, und diese wiederum zu einer Funktionalstrategie. Es ist Aufgabe des Managements, die drei Strategie-Ebenen in Einklang zu bringen, sodass jede Ebene zur erfolgreichen, langfristigen Ausrichtung einer Organisation beiträgt. Diese Logik ist in Abb. 2.1 schematisch dargestellt.

Den nachfolgenden Ausführungen liegt ein Verständnis zugrunde, wonach Digitalisierung im Rahmen strategischer Überlegungen per se nicht als „digitale Strategie" zu verstehen ist.

Vielmehr lässt sich die Thematik der Digitalisierung auf allen drei Strategie-Ebenen verorten. Die folgenden drei Beispiele zeigen dies exemplarisch auf.

Die Minderheitsbeteiligung der BMW Group am Softwareanbieter Kinexon ist eine Entscheidung im Bereich der Unternehmensstrategie

[4]. Die Investition in das neue Geschäftsfeld „Software" zielt darauf ab, Prozessautomatisierungen in der Fahrzeugproduktion und Logistik für die gesamte BMW Group voranzutreiben. Durch die Beteiligung sichert sich die BMW Group den Zugriff auf spezifische Kompetenzen im digitalen Zeitalter.

Der Markteintritt von Aldi Suisse in den Online-Lebensmittel-Markt ist eine Thematik auf der Ebene der Geschäftsbereichsstrategie [19]. Hier steht die Thematik im Vordergrund, wie Aldi Suisse die bestehende Positionierung im Wettbewerb festigen und ausweiten kann. Während andere Konkurrenzunternehmen bereits Lebensmittel über Online-Kanäle anbieten, partizipiert Aldi Suisse nun auch in diesem Marktsegment und stärkt somit die eigene Wettbewerbsposition.

Die Entscheidung von Nestlé, Werbeausgaben im gesamten Unternehmen verstärkt in digitale Medien zu lenken, ist eine strategische Thematik auf der Funktionalebene [26]. Die Vermarktung der Produkte und Dienstleistungen zählt zu den Funktionen, die in den meisten Unternehmen zu finden ist. Bei Nestlé wird die Bedeutung der digitalen Medien damit begründet, dass sich die Kundschaft auf Plattformen wie Facebook und Instagram aufhält. Diese sozialen Netzwerke sind somit geeignet, gezielt Aufmerksamkeit für Nestlé-Produkte zu erzeugen.

Basierend auf einem klaren Verständnis zur Strategie-Ebene empfiehlt es sich für Führungspersonen und „strategische" Akteure, auf die Unterscheidung von Strategie-Inhalt (vgl. Abschn. 2.3) und Strategie-Prozess (vgl. Abschn. 2.4) zu achten.

2.3 Strategie-Inhalte

Vereinfacht gesagt umfasst das Themengebiet zu Strategie-Inhalten die impliziten wie auch die ausformulierten und dokumentierten Überlegungen zur langfristigen Ausrichtung einer Organisation. Aus der Sichtweise einer Person, die für den langfristigen Erfolg einer Organisation verantwortlich ist, stellen sich diverse Fragen zur Strukturierung des Strategie-Dokuments. Mit anderen Worten: Wie sollen die Ausführungen zur Strategie gegliedert werden? Welche Themen sollen in welchem Umfang im Dokument enthalten sein?

Welche Inhalte werden in welcher Form den unterschiedlichen Anspruchsgruppen wie zum Beispiel Aufsichtsrat, Top-Management, Kader, Mitarbeitende, Investierende und Medien zugänglich gemacht?

In der Praxis findet sich eine Vielfalt an Formulierungen, Darstellungen und kommunizierten Formen zu Strategien. Auch wenn einzelne Unternehmen mit einer expliziten Strategie eine individuelle Beschreibung vornehmen, werden oftmals ähnliche Begrifflichkeiten verwendet. Nachfolgend wird differenziert zwischen Strategie-Inhalten im engeren Sinne und Strategie-Inhalten im weiteren Sinne.

2.3.1 Strategie-Inhalte im engeren Sinne

Bei explizit ausformulierten Strategien sind mit Strategie-Inhalten im engeren Sinne die spezifischen Überlegungen zur langfristigen Ausrichtung einer Organisation gemeint. Diese umfassen im Kern die Konkretisierungen zur ausgewählten Strategie-Variante. Eine kompakte, zweckmäßige und praktikable Gliederung für Strategie-Inhalte im engeren Sinne findet sich zum Beispiel bei [11]. Die Autoren umschreiben fünf Themenfelder, die sie als „Elemente" einer formulierten Strategie bezeichnen.

Das Element „Arenen" umschreibt möglichst konkret, mit welchen Produkten und Leistungen für welche Gruppen von Kundinnen und Kunden in welchen geografischen Märkten ein Unternehmen im Wettbewerb zu agieren gedenkt. Weitere Aspekte umfassen Überlegungen betreffend die wesentlichen Technologien sowie die Positionierung in der Wertschöpfungskette.

Mit dem Element „Differenzierungsfaktoren" wird beschrieben, wodurch sich eine Organisation gegenüber anderen Wettbewerbern unterscheidet. Anknüpfungspunkte dazu geben beispielsweise die Generischen Wettbewerbsstrategien nach [30] mit den beiden Grundausrichtungen Differenzierung und Kostenführerschaft, auf deren Basis Wettbewerbsvorteile erzielt werden können.

Unter das Element „Entwicklungsmethoden" fallen Entscheidungen zur Transformation vom Ist- zum Soll-Zustand. Grundsätzlich kommen die drei Formen interne, externe und partnerschaftliche Entwicklung in Frage [46].

Das Element „Sequenzierung" steht für die zeitliche Abfolge der Aktionen, um die Strategie umzusetzen. Hierzu zählen Überlegungen zu Geschwindigkeit und Abhängigkeiten unter den angedachten Maßnahmen.

Beim Element „Ökonomische Logik" wird ausgeführt, wie sich die Strategie letztlich finanziell in der Erfolgsrechnung niederschlägt. Hierzu werden Überlegungen und Berechnungen ausgeführt, die den Effekt einer Strategie auf Umsätze und Kosten deutlich machen.

Das Praxisbeispiel Licht AG stellt die Veränderungen bei den Fünf Elementen einer Strategie dar, die sich durch die Transformation von einem industriellen Produktionsbetrieb zu einem Sensoren- und Software-basierten Lösungsanbieter ergeben haben.

Praxisbeispiel: Strategie des Unternehmens Licht AG, dargestellt anhand der „Fünf Elemente einer Strategie"

Strategie-Element „Arenen" am Beispiel Licht AG

Vor Digitalisierung (bis ca. 2000)	Seit Digitalisierung (ab ca. 2000)
Produkte: Glühbirnen	Lösungen: Beleuchtungssysteme, basierend auf Sensoren und Software
Kundschaft: Privatpersonen	Kundschaft: Architektur- und Ingenieurunternehmen
Geografischer Fokus: Deutschland	Geografische Ausrichtung: vertreten in 55 Ländern
Wertschöpfungsaktivitäten: industrielle Produktion, Massenfertigung	Wertschöpfungsaktivitäten: Planung, Entwicklung, Produktion, Vertrieb und Installation maßgeschneiderter Beleuchtungssysteme
Kernkompetenzen: standardisierte und zuverlässige Prozesse zur Herstellung von Glühbirnen	Kernkompetenzen: maßgeschneiderte Beleuchtungssysteme, basierend auf adaptiver Software

Strategie-Element „Differenzierungsfaktoren" am Beispiel Licht AG	
Vor Digitalisierung (bis ca. 2000)	Seit Digitalisierung (ab ca. 2000)
Da sich die Glühbirnen qualitativ kaum von anderen Herstellern unterscheiden, findet der Wettbewerb in erster Linie über den Preis statt	Maßgeschneiderte Beleuchtungslösungen „aus einer Hand", von der Planung bis zur Umsetzung

Strategie-Element „Entwicklungsmethoden" am Beispiel Licht AG	
Vor Digitalisierung (bis ca. 2000)	Seit Digitalisierung (ab ca. 2000)
Gelegentlich Prozessoptimierungen in Form von internen Entwicklungsprogrammen	Interne Entwicklung durch gezielte Rekrutierung von Personal mit entsprechenden Kompetenzen wie Softwareentwicklung und Marketing für Architektur- und Ingenieurbüros

Strategie-Element „Sequenzierung" am Beispiel Licht AG	
Vor Digitalisierung (bis ca. 2000)	Seit Digitalisierung (ab ca. 2000)
Prozessoptimierungen folgen keinem zeitlichen oder inhaltlichen Plan	Transformation erfolgt schrittweise über mehrere Jahre, ohne das bestehende Kerngeschäft zu vernachlässigen

Strategie-Element „Ökonomische Logik" am Beispiel Licht AG	
Vor Digitalisierung (bis ca. 2000)	Seit Digitalisierung (ab ca. 2000)
Da die Margen sehr tief sind, wird versucht, eine möglichst hohe Menge zu verkaufen; durch Massenproduktion können Skaleneffekte bei den Kosten genutzt werden	Basis der hohen Margen sind die maßgeschneiderten Lösungen, die zu hohen Preisen angeboten werden; auch aufgrund der schwachen Konkurrenz ist die finanzielle Lage sehr stabil

2.3.2 Strategie-Inhalte im weiteren Sinne

Mit Strategie-Inhalten im weiteren Sinne sind Themen gemeint, die oftmals in einem Strategie-Dokument zur Ausgangslage, zu den Optionen und zum Umsetzungsvorgehen zu finden sind. Diese Inhalte sind gewöhnlich das Ergebnis aus den entsprechenden Phasen in einem

Strategie-Prozess (Abschn. 2.4). In den Abschnitten zur Ausgangslage werden oft Erkenntnisse aus der Analyse der Situation und den Entwicklungen einerseits im Unternehmen und andererseits außerhalb der Organisation aufgeführt. Daraus werden grundsätzliche Optionen abgeleitet, formuliert, einander gegenübergestellt und bewertet. Im Umsetzungsplan wird aufgezeigt, welche Maßnahmen in welcher Reihenfolge in welchem Zeitrahmen ergriffen werden.

In allen Abschnitten eines Strategie-Dokuments lassen sich Bezüge zur Digitalisierung herstellen. Diese werden in den Kap. 3, 4 und 5 erläutert.

Zur thematischen Gliederung eines Strategie-Dokuments mit Berücksichtigung von Digitalisierungs-Themen sind diverse Vorschläge gemacht worden. Nachfolgend werden zwei Beispiele erläutert. Während die erste Strukturierungsstütze auf Strategien der Geschäftsbereichs-Ebene ausgerichtet ist, eignet sich die zweite Gliederung für Strategien auch auf der Unternehmens-Ebene.

[31] beschreiben, wie sich physische Produkte durch die Digitalisierung zu intelligenten und vernetzten Leistungssystemen entwickeln können. Zur Strukturierung schlagen Porter und Heppelmann vor, vier Themenbereiche zu vertiefen [31].

Der erste Bereich umfasst die Auseinandersetzung mit den sich verändernden Branchenstrukturen und -grenzen [31]. Durch die Digitalisierung haben sich in einigen Branchen Verschiebungen im Machtgefüge der involvierten Unternehmen ergeben. Der Markteintritt von Airbnb beispielsweise hat die bis dahin etablierte Funktionsweise der Hotelbranche nicht nur grundlegend verändert, sondern auch zur Aufweichung klarer Industriegrenzen zwischen Hotels, Ferienwohnungen, Restaurants und touristischen Angeboten geführt.

Das zweite Themenfeld beinhaltet die Vertiefung zur Frage, wie bestehende Wertschöpfungsketten und die Positionierungen der involvierten Unternehmen durch die Digitalisierung verändert werden [31]. Streaming-Anbieter wie Spotify, Apple Music und Deezer haben zu neuen Konfigurationen innerhalb der Wertschöpfungskette der Musikbranche geführt. Bestehende Akteure wie Künstlerinnen und Künstler, Agenturen, Tonstudios und Musikverlage mussten sich mit der Frage auseinandersetzen, welche Musik-Inhalte auf welchen digitalen Plattformen und zu welchem Preis anzubieten, um wettbewerbsfähig zu bleiben.

Im Zentrum des dritten Themengebiets stehen Entscheidungen rund um anvisierte Wettbewerbsvorteile [31]. Auch im Digitalisierungs-Zeitalter haben die Ideen der Generischen Wettbewerbsstrategien nach [30] mit den beiden Grundausrichtungen Differenzierung und Kostenführerschaft ihre Berechtigung hinsichtlich der Überlegungen rund um Wettbewerbsvorteile. Zu beachten gilt, dass Wettbewerbsvorteile aufgrund von Imitationen durch Konkurrenzunternehmen oder von Ersatzprodukten und -dienstleistungen oftmals zeitlich begrenzt sind [1]. Mittlerweile sind Online-Banking-Angebote zum Standard geworden. Insofern ist es für Banken anspruchsvoller geworden, sich durch spezifische Leistungen im Online-Banking von anderen Wettbewerbern zu unterscheiden.

Die vierte Thematik umfasst Aspekte der Organisation [31]. Dabei ist eine Unterscheidung in Aufbau- und Ablauforganisation sinnvoll [34]. In der Praxis sind diverse Formen und Kombinationen anzutreffen, wie Digitalisierung im Organigramm (Aufbauorganisation) verortet wird. Einige Unternehmen haben Top-Management-Positionen mit Bezeichnungen wie „Chief Digital Officer" eingeführt. Dabei sind einige dieser „neuen" Funktionen als Stabsstellen ausgestaltet, andere sind als eigene Abteilungen oder Geschäftsbereiche konzipiert. Nebst der primären Aufbauorganisation – im Organigramm erkennbar – finden sich oft auch sekundäre Formen der Organisation, die für einen begrenzten Zeitraum für ein Projekt, eine Initiative oder eine Maßnahme als Struktur dienen [42]. Nicht selten wird dieses Vorgehen gewählt, um ein Verständnis für die Potenziale der Digitalisierung zu entwickeln. Zusätzlich zur Aufbauorganisation ist die koordinierte Abfolge der einzelnen Tätigkeiten zur Produkt- und Dienstleistungserstellung wichtiger Bestandteil der Führung von Organisationen. Diese einzelnen Schritte werden als „Prozesse" bezeichnet (Ablauforganisation). Aspekte der Digitalisierung können in vielfältiger Weise bedeutend für die Ablauforganisation sein. Viele Unternehmen versuchen, Prozesse mittels digitaler Technologien effektiver und effizienter zu gestalten. Grundlage dazu ist in vielen Fällen eine spezifische Software und die Anbindung ans Internet.

Einen ähnlichen Vorschlag wie [31] zur Gliederung der Strategie-Inhalte findet sich bei [10]. Dabei beschreibt [10] vier Themenfelder zur Gestaltung von Strategien im digitalen Zeitalter: Neuerfindung der Geschäftstätigkeit, Neugestaltung der Wertkette, Neuerschließung der Kundschaft und Neubildung der Organisation.

Im Unterschied zu [31] weist [10] explizit auf „digitale Führung" als verbindendes Element hin, verstanden als aktive Auseinandersetzung der Führungskräfte mit der Thematik der Digitalisierung. [10] hebt hervor, dass sowohl die Stärkung des bestehenden wie auch der Aufbau neuer Geschäfte zu den Aufgaben der „digitalen Führung" zählen. Dies ist eine klassische Fragestellung auf der Ebene einer Unternehmensstrategie. Bestehendes zu stärken und gleichzeitig Neues aufzubauen, scheint auf den ersten Blick ein Widerspruch zu sein. Für Mitarbeitende ist oftmals eine Entweder-oder-Logik einfacher verständlich als eine Sowohl-als-auch-Idee. Das gleichzeitige Management von Kerngeschäft und Innovation wird in der Wissenschaft unter der Bezeichnung „Ambidextrie" erforscht. Eine Metastudie zeigt, dass nachhaltiger Erfolg von Unternehmen mit dem Management von Ambidextrie zusammenhängt [18].

Zusammenfassend können aus den Strukturierungsvorschlägen von [11, 31] und [10] folgende Fragen als Orientierungshilfe für die Formulierung einer Strategie und für die Ausführungen in einem Strategie-Dokument dienen:

1. Mit welchen Produkten und Leistungen für welche Kundschaft positioniert sich das Unternehmen im Markt?
2. Wie konfiguriert das Unternehmen daraus die Wertkette (Ablauforganisation) und die Aufbaustruktur?
3. Worin genau besteht der Wettbewerbsvorteil, um sich klar von der Konkurrenz abzugrenzen?
4. Wie stellt die Führung sicher, dass Bestehendes gestärkt und gleichzeitig Neues entstehen kann?
5. In welchen Schritten und in welcher Form soll die Entwicklung vom Ist- zum Soll-Zustand erfolgen?
6. Wie genau schlägt die Strategie auf Umsätze und Kosten durch?

2 Grundlagen

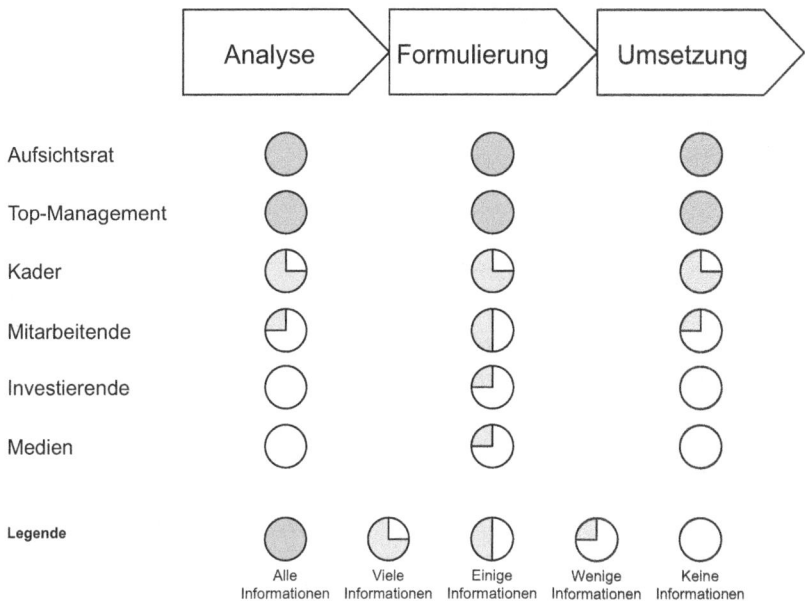

Abb. 2.2 Strategie-Inhalte und Anspruchsgruppen

Zu jedem der sechs Punkte gilt es, spezifisch auf die Digitalisierung einzugehen. Hierzu gibt es kein allgemeingültiges „Rezept". Vielmehr ist die Berücksichtigung der jeweiligen Besonderheiten der Organisation und des Branchen- und Wirtschaftsumfelds entscheidend.

Es ist nicht sinnvoll, jedes Detail einer Strategie vollständig gegenüber allen Anspruchsgruppen zu kommunizieren. Vielmehr ist eine sorgfältige und adressatengerechte Auswahl der Inhalte für die verschiedenen Personengruppen zu empfehlen. Abb. 2.2 zeigt schematisch auf, welche Strategie-Inhalte aus welchen Strategie-Prozess-Phasen (Abschn. 2.4) für welche Anspruchsgruppen typischerweise kommuniziert werden.

Nebst der Frage, wie der Inhalt einer Strategie lauten und welchem Personenkreis was daraus transparent gemacht werden soll, ist eine wichtige Aufgabe der obersten Führungsebene einer Organisation, Strategie-Prozesse zu initiieren, zu leiten oder zu beaufsichtigen und für die Umsetzung zu sorgen. Diese Perspektive eines schrittweisen Vorgehens wird im Abschn. 2.4 thematisiert.

2.4 Strategie-Prozesse

Expertinnen und Experten diskutieren seit Langem, ob Strategie-Prozesse geplant – und damit strukturiert – oder emergent – also sich dynamisch entwickelnd – Sinn machen [16]. Geplante Strategie-Prozesse sind durch ihre aufeinander abgestimmten Schritte der analytischen Entscheidungsfindung rational nachvollziehbar und führen bei konsequenter Ausführung zu guter Entscheidungsqualität [14]. Leider kommen geplante Strategie-Prozesse an ihre Leistungsgrenzen, wenn die inhaltliche Abstimmung verschiedener Unternehmensbereiche oder die Entscheidungsgrundlagen zu komplex werden [17]. Die Digitalisierung führt mit ihren disruptiven und schnellen Entwicklungen genau zu dieser Situation [35]. Dann kommen emergente, dynamische Strategie-Prozesse ins Spiel, bei denen sich die Strategieentscheidung mit Erfahrungen aus ersten Umsetzungsschritten fortlaufend entwickelt. Nachfolgend werden zwei wichtige Gestaltungsaspekte solcher dynamischen Strategie-Prozesse thematisiert: die Beteiligung von Stakeholdern an der Strategieentwicklung – auch „Open Strategy" genannt – und die Agilisierung des Strategie-Prozesses.

Als erfolgsversprechend gilt eine Kombination beider Prozessarten: geplante Entscheidungsfindung für gut abschätzbare Strategiefragen und dynamische Entscheidungsfindung für schwer einschätzbare Strategiefragen [23].

2.4.1 Geplante Strategie-Prozesse

Auf den Punkt gebracht, wird unter einem Strategie-Prozess ein mehr oder weniger durchdachtes, schrittweises Vorgehen verstanden, um eine Strategie zu formulieren und umzusetzen [7, 12, 24]. In präskriptiven Strategie-Prozess-Modellen sind diverse Einzelschritte beschrieben worden, um Strategien aus einer rational-analytischen Sicht zu entwickeln [23]. In Lehrbüchern des Strategischen Managements finden sich zahlreiche Vorschläge zu einem „idealen" Strategie-Prozess (z. B. [15, 44]). Auch in der Praxis, zum Beispiel bei Strategie-Beratungsunternehmen, sind Vorgehensweisen für Strategieentwicklungen zu finden [13]. Auffallend ist, dass sich die Phasen und Themen trotz unterschiedlicher Bezeichnungen, Teilschritten und grafischer Darstellungen stark ähneln.

Auch wenn geplante Strategie-Prozesse angesichts komplexer, unbekannter und schneller Digitalisierungs-Entwicklungen immer mehr an ihre Grenzen kommen, werden sie nach wie vor häufig eingesetzt und ihre Ergebnisse als befriedigend bewertet. Darum folgt auch der hier vorgestellte Leitfaden für einen Strategie-Prozess der Struktur eines klassischen Problemlöse-Vorgehens mit den drei Phasen Analyse (Kap. 3), Formulierung (Kap. 4) und Umsetzung (Kap. 5) [15].[1] Für alle Phasen werden sowohl bewährte Managementinstrumente erläutert als auch spezifische Aspekte zur Digitalisierung beschrieben.

2.4.2 Dynamische Strategie-Prozesse

Mehrere wissenschaftliche Studien haben aufgezeigt, dass in der Praxis auch andere Muster von Strategieentwicklungen zu beobachten sind, als in präskriptiven Modellen dargestellt. Bekannt ist beispielsweise die beobachtete Unterscheidung von beabsichtigten und emergenten Strategien [24]. Die beiden Forscher stellten bei der Untersuchung von realen Fallbeispielen fest, dass realisierte Strategien oft nicht nur das Ergebnis von beabsichtigen Strategien waren, sondern auch unbeabsichtigte und unzusammenhängende Anteile enthielten. Das kann dann sinnvoll sein, wenn bisher unbekannte Rahmenbedingungen strategische Entscheidungen beeinflussen. In Zeiten zunehmender Volatilität, Unsicherheit, Komplexität und Ambiguität – dem

---

[1] Die vorliegende Publikation erhebt nicht den Anspruch, vorhandene Managementideen umfassend darzustellen. Vielmehr wird eine Auswahl getroffen. Als Selektionskriterien dienen Wissenschaftlichkeit und Praxistauglichkeit.

sogenannten „VUCA-Zeitalter" [2] – werden Anpassungsfähigkeit und Dynamik für die Strategieentwicklung bewusst empfohlen [6, 40].

Gleichzeitig ist es für verantwortliche Mangerinnen und Manager aus mehreren Gründen vorteilhaft und sinnstiftend, Strategien strukturiert zu entwickeln und umzusetzen. Erstens bietet die Gliederung in verschiedene Teilschritte eine Orientierung, um zielgerichtet wesentliche Aspekte einer Strategie zu reflektieren. Ein planloses Vorgehen birgt die Gefahr, Relevantes zu übersehen. Diverse Forschungen haben aufgezeigt, wie anfällig Menschen auf „Denkfehler" sind. Zweitens hilft ein durchdachtes Vorgehen, allfällige Entscheidungen gegenüber verschiedenen Anspruchsgruppen zu erläutern und zu legitimieren. Oftmals haben strategische Entscheidungen finanzielle Auswirkungen in Form von hohen Investitionen. Um diese zu begründen, sind nachvollziehbare und plausible Entscheidungsgrundlagen nutzenstiftend. Drittens bilden Erkenntnisse aus einem systematischen Prozess eine der Grundlagen einer „lernenden Organisation" [37]. Auch wenn sich Fehleinschätzungen nie ganz ausschließen lassen, so bieten Irrtümer zumindest die Möglichkeit zu „lernen". Gerade für die Umsetzungsphase ist eine solche Denkhaltung sinnvoll, denn oftmals führen Strategien nicht zu dem erhofften Erfolg [8]. Zwei strukturierende Gestaltungselemente werden derzeit zunehmend genutzt, um geplante und dynamische Strategie-Prozesse miteinander zu verbinden: die Beteiligung diverser Stakeholder – unter dem Begriff „Open Strategy" diskutiert – und die Agilisierung von Strategie-Prozessen.

2.4.3 Open Strategy

Begriff
Seit den 2010-Jahren lässt sich ein Trend zur Öffnung von Strategie-Prozessen in der Praxis beobachten [45]. Zu diesem Phänomen sind unter dem Begriff „Open Strategy" diverse Forschungsarbeiten entstanden [36]. Aus den vorgeschlagenen Definitionen zu Open Strategy lassen sich zentrale Merkmale erkennen [12, 36, 39, 45]. Die Öffnung von Strategie-Prozessen zeichnet sich aus durch einen gewissen Grad an Transparenz bezüglich strategischer Informationen [36]. Weiter umfasst

Open Strategy die Einbindung von Mitarbeitenden diverser Hierarchiestufen während eines Strategie-Prozesses [36]. Die Einbindung kann verschiedene Formen und Stärkegrade annehmen wie das Einbringen von Wissen, das Abgeben von Meinungen und das Mitentscheiden über strategische Fragen. Transparenz wie auch Einbindung können sowohl auf Personen innerhalb wie auch außerhalb einer Organisation ausgerichtet sein [12]. Damit steht Open Strategy im starken Kontrast zu „Konventionen" des Strategischen Managements [36, 45]. Die Entwicklung und die Ausgestaltung von Strategien gelten traditionell als eine geheime Angelegenheit, die lediglich dem Aufsichtsrat und der obersten Führungsstufe bekannt ist [36].

Treiber
Der Trend zu mehr Offenheit lässt sich nicht nur bei Strategie-Prozessen erkennen, sondern auch in verschiedensten Bereichen des gesellschaftlichen und wirtschaftlichen Alltags [45]. [36] bezeichnen Offenheit als „Leitmotiv" der gegenwärtigen (westlichen) Gesellschaft. Die Digitalisierung als technologische Basis trägt maßgeblich zu den Voraussetzungen für höhere Transparenz und Einbindung bei [39]. Beispielsweise nutzen viele Unternehmen das Intranet für Mitarbeitende und das Internet für weitere Interessierte, um Informationen über die Geschäftstätigkeit und die Strategie zugänglich zu machen. In der Kommunikation gegenüber Anspruchsgruppen sind Soziale Medien wie Facebook, Twitter, Instagram, Tiktok und LinkedIn nicht mehr wegzudenken.

Die Fortschritte in der Entwicklung von digitalen Technologien führen zu einer weiteren Verstärkung des öffentlichen Drucks nach Offenheit. Auch wenn nicht jede Forderung nach Transparenz direkten Einfluss auf den Strategie-Prozess hat, lohnt es sich für das Top-Management, ein Bewusstsein für die Anliegen der unterschiedlichen Anspruchsgruppen zu schaffen und allfällige Implikationen für den Strategie-Prozess zu erkennen. Organisationen sind mehr und mehr unter öffentlicher Beobachtung, was Aspekte der ökologischen und sozialen Nachhaltigkeit angeht. Dies zeigt sich zum Beispiel daran, dass die Anforderungen bezüglich des Herkunftsnachweises von Rohstoffen, Materialien und Produktionsbedingungen zunehmen.

Effekte
Für Open Strategy werden sowohl Potenziale als auch Risiken beschrieben [12, 36]. Open Strategy ermöglicht den Zugang zu einer größeren Menge an relevanten Informationen und Spezialwissen [36]. Dies ist insofern von Vorteil, als die oberste Führungsebene selten über ausreichend Fakten und Detailwissen verfügt, sei es zu Markt- und Technologieentwicklungen oder zu Auswirkungen strategischer Ideen auf operative Tätigkeiten. Weiter wird durch Open Strategy eine Verbesserung der Strategieumsetzung angenommen [3, 38]. Dies ist besonders relevant, wenn man bedenkt, dass Studien hohe Fehlraten bei der Strategieimplementierung aufgezeigt haben [8].

Für Open Strategy werden mehrere Risiken diskutiert, die für verantwortliche Führungspersonen herausfordernd sein können [36]. Zu bedenken sind folgende Gefahren: Verlust sensibler Informationen, Verstärkung des Drucks durch Anspruchsgruppen, Umgang mit der Komplexität strategischer Fragestellungen sowie mangelndes Interesse und Commitment der Anspruchsgruppen [36]. Bemühungen, Open Strategy als Prinzip in Strategie-Prozessen zu verankern, ist mit viel Aufwand verbunden. Beispielsweise bedarf es Ressourcen, um die Einbeziehung von Mitarbeitenden zu planen, durchzuführen und auszuwerten [3, 41]. Wenn Arbeitskapazitäten von Mitarbeitenden für die Strategieentwicklung verwendet werden, heißt dies auch, dass Ressourcen zugeteilt werden, die sonst anderweitig hätten eingesetzt werden können. Im Weiteren kann Open Strategy dazu führen, dass die Entscheidungsprozesse verlangsamt werden [12, 41]. Ebenso besteht die Gefahr, dass Erwartungen bei Mitarbeitenden geschürt werden, die dann im weiteren Verlauf des Strategie-Prozesses nicht erfüllt werden, was als „Dilemma of Commitment" bezeichnet wird [12].

Empfehlungen
Aus der vorhandenen Literatur lassen sich für die Planung, Durchführung und Auswertung von Strategie-Prozessen unter Berücksichtigung von Transparenz und Einbindung einige Empfehlungen ableiten [21]. Erstens bedarf es eines soliden Verständnisses seitens des Top-Managements bezüglich der Potenziale und Risiken von Open

Strategy. Hierzu zählt das sorgfältige Abwägen einerseits hinsichtlich der Etablierung einer Erwartungshaltung gegenüber Mitarbeitenden und andererseits betreffend des subjektiven Erfüllungsgrads dieser Erwartungen („Dilemma of Commitment", [12]). Zweitens ist eine klare Vorstellung bezüglich der Vorstellungen der verschiedenen Anspruchsgruppen in Verbindung mit strategischen Fragestellungen nötig [46]. Der gesellschaftliche Trend und der damit zusammenhängende Druck nach Offenheit sollten nicht zu Aktionismus verleiten und stattdessen Grundlage für Überlegungen zu Open Strategy in der eigenen Organisation sein. Drittens empfiehlt sich ein sorgfältig durchdachtes Vorgehen in der Konzipierung und Gestaltung von offeneren Strategie-Prozessen [21]. Hierzu bietet sich eine Orientierung an den drei Strategie-Prozess-Phasen Analyse, Formulierung und Umsetzung an. In alle Phasen lassen sich digitale Technologien einsetzen, die als Hilfsmittel dazu dienen, Wissen, Einschätzungen und Bewertungen verschiedener Stakeholder für die Strategieentwicklung und -umsetzung zu nutzen.

2.4.4 Agile Strategie-Prozesse – Strategility

Begriff und Prinzipien
Der Begriff „Strategility" kombiniert die Wörter „Strategie" und „Agilität". Er bezeichnet ein Konzept, das strukturierende Prozessschritte mit agilen Methoden für die strategische Entscheidungsfindung kombiniert [28]. In einem Forschungsprojekt wurden mithilfe von Literatur-Recherchen, Interviews und Workshops mit Strategieverantwortlichen aus 13 Unternehmen Abläufe, Rollen und Tools entwickelt, um die dynamische Strategieentwicklung strukturiert, reflektiert und nachvollziehbar zu machen [28].
Dafür sind fünf Prinzipien von Bedeutung:

1. Alignment: die Ausrichtung strategischer Entscheide an explizit formulierten, transparenten, übergeordneten Vorgaben. Alignment ist ein richtungsgebendes Element eines iterativen Prozesses

[5]. Dynamische, unbekannte Entwicklungen brauchen Regeln als Leitplanken. Diese Regeln verhindern ein zielloses Ausprobieren beliebiger strategischer Handlungsmöglichkeiten. Richtungsgebend für strategische Handlungsmöglichkeiten sind beispielsweise Vision und Strategische Stoßrichtungen einer Organisation.
2. Evidenzbasiert: gewissenhafte, explizite und vernünftige Anwendung der besten Informationen in der Entscheidungsfindung. Thesen zur Strategie werden explizit formuliert und experimentell überprüft. Evidenzbasiert zu entscheiden ist wichtig, weil Geschäftsmodelle insbesondere unter VUCA-Bedingungen häufig Annahmen sind, die noch nie getestet wurden. Das bedeutet, dass ihr Erfolg dem Zufall überlassen zu sein scheint. Um in agilen Strategie-Prozessen möglichst tragfähige Entscheidungen trotz Unsicherheit zu fällen, ist die indikative Evidenz hilfreich. Dafür entwickelt das Management Thesen zu Folgen strategischer Entscheidungen und testet die „realen" Reaktionen auf die Strategieentscheidungen.
3. Iterativ: mehrfacher Wechsel von Informationsgewinnung, Ergebnisauswertung und Entscheidungskonkretisierung zur Strategieentwicklung. Die Iteration geht davon aus, dass erste strategische Lösungen eine gewisse Fehlerhaftigkeit haben und durch mehrmalige Anpassungen optimiert werden können [43]. Die mehrmalige Iteration von Informationsgewinnung und Entscheidungskonkretisierung dient somit der Senkung strategischer Risiken sowie der optimalen Nutzung der Kreativität.
4. Kollaborativ: Einbezug und Diskurs mit relevanten Wissens- und Entscheidungsträgerinnen und -trägern. Kollaboration als Grundsatz der Agilität [9] geht davon aus, dass evidenzbasierte Iterationen strategischer Entscheidungen nur entwickelt werden können im Diskurs zwischen CEOs, Managern und operativen Fachpersonen [7].
5. Autonom: Strategiearbeit und -entscheidung in selbständigen Teams. Gerade für evidenzbasierte, iterative strategische Arbeit braucht es selbstorganisierte Teams, die ihre Schritte zur Informationsgewinnung und -auswertung autonom gestalten können [20].

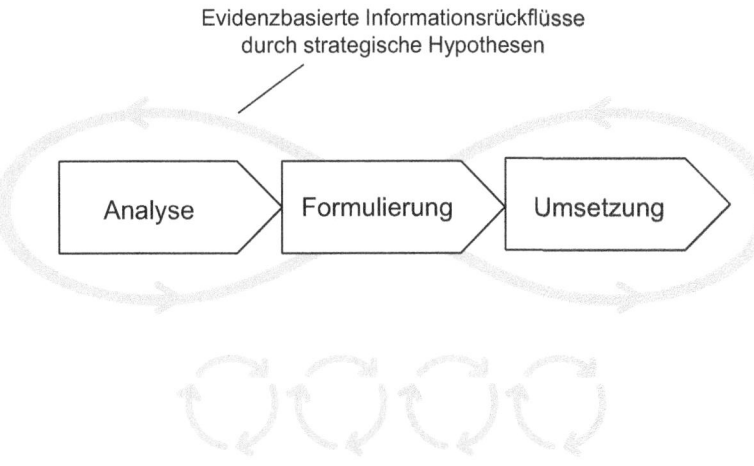

Abb. 2.3 Strategility-Prozess mit Hypothesen und Iterationen

Prozess mit Kernelement „Strategische Hypothesen"
Die Kombination der fünf Prinzipien mit den üblichen Schritten eines Strategie-Prozesses ergab im Forschungsprojekt Strategility, dass die drei strukturierenden Phasen der Analyse, Formulierung und Umsetzung einer Strategie beibehalten und miteinander verbunden werden sollten [28]. Die Verbindung erfolgt über strategische Hypothesen. Abb. 2.3 stellt den Prozess schematisch dar.

Strategische Hypothesen machen explizit, welche Annahmen über sinnvolle strategische Entscheidungen existieren, beispielsweise, welche Kundengruppe ein digitales Angebot attraktiv findet oder welche Leistungskriterien kaufentscheidend sind. Die Vermutung liegt nahe, dass derartige Annahmen implizit bestehen und so die Informationssuche und -wahrnehmung der strategischen Entscheidungsträgerinnen und -träger lenken. Sie explizit zu machen und in testbare Hypothesen zu überführen, ermöglicht eine reflektierte Auseinandersetzung mit ihrer Wahrhaftigkeit.

> **Praxisbeispiel: Strategische Annahmen einer 3D-Agentur**
>
> Eine 3D-Agentur, die Augmented-Reality-Visualisierungen für Immobilien und Produkte anbietet, konnte permanent zunehmende Aufträge verzeichnen. Es stellte sich die Frage nach einem bewussten Vergrößerungsschritt. Die Büroräumlichkeiten wurden zu klein. Ein Umzug in deutlich größere Räume verlangte allerdings, die Auslastung weiterer Mitarbeitenden zu verstetigen – trotz oder neben dem volatilen Projektgeschäft. Bisher wurden die Visualisierungen individuell für jedes Einzelprojekt entwickelt. Das geht mit einem hohen, einmaligen Arbeitsaufwand einher, der schwer planbar ist. Die Idee entstand, die Strategische Stoßrichtung einer Produktentwicklung für standardisierte Immobilien-Visualisierungen zu überprüfen: Mit attraktiven, standardisierten 3D-Visualisierungen sollte eine wachstumsfördernde Konstanz in der Auslastung erreicht werden.
>
> Zur Überprüfung dieser Strategischen Stoßrichtung existierten keine Marktdaten, die analytisch hätten ausgewertet werden können. Somit entschied sich das Unternehmen, die Strategische Stoßrichtung agil zu erörtern und zu entscheiden.
>
> Strategische Annahmen zu dieser Stoßrichtung wurden gesammelt. Hier ein Auszug:
> - Standardisierbare Visualisierungen können mit wenigen Konfigurationsmöglichkeiten individualisiert werden.
> - Konfigurationen standardisierter Visualisierungen können von diversen Mitarbeitenden mit geringem Aufwand vorgenommen werden.
> - Standardisierte Visualisierungen führen zu einer konstanteren Auslastung der Mitarbeitenden.
> - Standardisierte Visualisierungen sind für Ausstatter von Krankenhäusern, Bürohäusern und der Gastronomie mehrwertstiftend.
>
> Als folgenschwerste Annahme, deren Bestätigung Voraussetzung für die Überprüfung der Stoßrichtung war, galt die Nutzeneinschätzung der Ausstatter von Krankenhäusern, Bürohäusern und der Gastronomie. Sie wurde in Hypothesen überführt, die dann getestet werden konnten, etwa: „Wenn wir je 50 spezialisierte Einrichter von Krankenhäusern, Büros und Restaurantketten mit einem Angebot für Standarddesign und einem für individuelles Design ansprechen, interessieren sich 75 % für das Standarddesign." Als Tests wurden zunächst E-Mails mit einem Link auf eine Homepage mit beispielhaften Standarddesigns vereinbart.

Strategische Hypothesen werden iterativ getestet und ausgewertet. Die damit beauftragten Testteams arbeiten autonom in typischen agilen Sprints. In mehreren Iterationen testen diese Teams eine strategische

Hypothese so lange, bis sie deren Wahrhaftigkeit einschätzen können. Dazu gibt es keine definierbare Anzahl Tests oder eindeutige Qualitätskriterien. Im Forschungsprojekt wurden mit über 13 Unternehmen derartige Tests durchgeführt und es hat sich gezeigt, dass häufig nach drei bis fünf Iterationen ein Trend erkennbar wurde, der für die Entscheidungsfindung ausreichte [28].

Strategische Hypothesen und Tests ermöglichen eine iterative Entscheidungsfindung, da sie fortlaufend die Qualität der Entscheidungsinformationen verbessern. Gleichzeitig ermöglichen sie eine Verbindung der drei Strategie-Prozess-Phasen, weil relevante Informationen im gesamten Strategie-Prozess entstehen und ausgewertet werden können.

Empfehlungen für die Anwendung

Strategische Hypothesen zu formulieren ist vielen Forschungspartnerinnen und -partnern zu Beginn nicht leichtgefallen [28]. Als hilfreich hat sich ein Interview erwiesen, in dem die strategischen Entscheidungsträgerinnen und -träger nach ihren Annahmen zur Kundschaft, zu Leistungsanforderungen und zu weiteren Strategieinhalten befragt werden. Wichtig ist dabei, die Frage so konkret wie möglich zu formulieren, etwa: Welche Funktionsträgerinnen und -träger bei Büroeinrichtern entscheiden über unsere Standarddesigns und welchen Mehrwert sehen sie vermutlich in unserem Angebot? Nach einer ersten Sammlung werden dann die folgenschwersten Annahmen herausgearbeitet. Das sind jene Annahmen, deren Ablehnung zu einem sofortigen Stopp der strategischen Ausrichtung führen würden. Häufig handelt es sich dabei um Kaufinteresse und -bereitschaft von Kundinnen und Kunden. Für diese folgenschwersten Annahmen werden testbare Hypothesen formuliert (siehe Praxisbeispiel 3D-Agentur).

> **Strategische Hypothesen sollten folgende Eigenschaften erfüllen**
>
> - Hypothesen sollten nur einen zu testenden Tatbestand beinhalten, damit eindeutige Aussagen zu diesem einen Aspekt gemacht werden können. Vermischungen mehrerer Tatbestände erschweren aussagestarke Tests und Entscheidungsabwägungen.

- Für das Beispiel der 3D-Agentur sollte eine Hypothese etwa lauten: „Wenn wir Standarddesigns definiert haben, können wir mit Veränderungen von fünf Features Individualisierungen realisieren, die für Projektleiterinnen und -leiter bei Büroeinrichtern kaufentscheidend sind." Zusätzliche Aspekte werden in zusätzlichen Einzelthesen formuliert, etwa dass diese Features dann in höchstens x Stunden von 75 % der Mitarbeitenden angepasst werden können.
- Der zu testende Tatbestand sollte so präzise beschrieben werden, dass eindeutig ist, ob er erfüllt ist oder nicht. Die 3D-Agentur sollte formulieren: „Kaufentscheidende Individualisierungsfeatures für die Projektleiterinnen und -leiter von Büroeinrichtern sind: Auswahl von fünf Einrichtungsfarben, drei Raumaufteilungen, drei Möbeldesigns." Die unpräzise Formulierung, dass attraktive Auswahlmöglichkeiten kaufentscheidend seien, würde der 3D-Agentur keine eindeutigen Gestaltungshinweise geben.
- Hypothesen sollten konkrete Ausprägungen beinhalten, die als Zielwert für die Testauswertung dienen können. Für die 3D-Agentur sollte es heißen: „Der Kosten-Aufwand pro Umsatz ist bei Standarddesigns 50 % geringer als bei individuellen Einzeldesigns." Die unspezifische Ausprägung „Der Aufwand von Standarddesigns ist deutlich geringer als jener für individuelle Einzeldesigns" birgt die Gefahr, dass die Testauswertung beliebig interpretiert wird.

Die Ergebnisse strategischer Tests sollten als wertvolle Informationen verstanden werden, egal wie sie ausfallen. Bei einigen Forschungspartnerinnen und -partnern wurden widerlegte Hypothesen als entblößende Niederlage der strategischen Entscheidungspersonen empfunden. Das birgt die Gefahr, dass die enthaltenen Informationen abgewiesen, angezweifelt oder nicht genutzt werden. Auch für die strategische Entscheidungsfindung ist der Leitsatz des agilen Mindsets handlungsleitend: fail fast.

Damit die Informationen aus allen drei Phasen eines Strategie-Prozesses fließen und für die strategische Entscheidungsfindung verdichtet werden, können Methoden wie gemeinsame Review- und Planning-Ereignisse sowie Strategility Boards genutzt werden [28]. Diese Methoden haben sich in der agilen Arbeitswelt bewährt und sind auch für die Strategieentwicklung nutzbar.

Abb. 2.4 zeigt einen Auszug aus einem Strategility-Board einer 3D-Agentur.

2 Grundlagen

Strategility-Phasen	Strategie-ausrichtung	Strategie-entwicklung	Strategie-umsetzung
Backlog, Themenspeicher	Stossrichtung Marktentwicklung Ausland	1. Kundschaftssegmente bestimmen 2. Leistungsfeatures festlegen 3. Preismodell entwickeln	
In Vorbereitung	Interesse Gastro-Einrichter testen	Kundschaftssegmente gruppieren	
In Arbeit	Interesse Büroeinrichter testen		Standarddesigns konzipieren
Unter Beobachtung	Existierende Standarddesigns der Konkurrenz analysieren		
Abgeschlossen	Anschauungsbeispiel Standarddesign		

Abb. 2.4 Auszug eines Strategility-Boards

Trotz aller Öffnung und Agilisierung bleibt der klassische Prozess der strategischen Planung in der Praxis lebendig und nützlich [7, 32] und dient somit nachfolgend als Struktur.

Ihr Transfer in die Praxis

- Identifizieren Sie drei Kriterien, von denen Sie vermuten, dass diese Einfluss auf den langfristigen und nachhaltigen Erfolg Ihres Unternehmens haben. Versuchen Sie, Kriterien finanzieller (beispielsweise Umsatz, Gewinn, Rendite) wie auch nicht-finanzieller Art (beispielsweise Zufriedenheit der Kundschaft, Engagement der Mitarbeitenden, Qualität der angebotenen Produkte und Dienstleistungen) zu berücksichtigen.
- Überlegen Sie, auf welcher Ebene (Gesamtunternehmen, Geschäftsbereich, Funktionen) Digitalisierung in Ihrer Organisation mehr zum Thema werden sollte. Versuchen Sie dabei Digitalisierung nicht isoliert aus einer bestimmten Ebene zu betrachten, sondern auf die Einbettung in die Gesamtorganisation zu achten.

- Beurteilen Sie die Strategie in Ihrem Unternehmen danach, ob die Themenfelder Arenen, Differenzierungsfaktoren, Entwicklungsmethoden, Sequenzierung und Ökonomische Logik ausformuliert sind und zueinander passen.
- Schätzen Sie ein, inwiefern Transparenz und Einbindung der Mitarbeitenden zu Vorteilen in Ihrer Organisation führen könnten.
- Identifizieren Sie strategische Entscheidungsthemen, die Sie nur mithilfe von Hypothesen und Tests beurteilen können.
- Versuchen Sie abzuschätzen, wie sich digitale Technologien auf Umsätze und Kosten in Ihrem Unternehmen auswirken.

Literatur

1. Barney, J. (1991). Firm resources and sustained competitive advantage. *Journal of Management, 17*(1), 99–120.
2. Bennett, N., & Lemoine, J. (2014). What VUCA really means for you. *Harvard Business Review, 92*(1/2), 27.
3. Birkinshaw, J. (2017). Reflections on open strategy. *Long Range Planning, 50*(3), 423–426.
4. BMW Group. (2022). Prozessautomatisierung für höchste Ansprüche: BMW Group beteiligt sich an Münchner Technologieanbieter Kinexon GmbH. https://www.press.bmwgroup.com/deutschland/article/detail/T0384033DE/prozessautomatisierung-fuer-hoechste-ansprueche:-bmw-group-beteiligt-sich-an-muenchner-technologieanbieter-kinexon-gmbh?language=de.
5. Brosseau, D., Ebrahim, S., Handscomb, C., & Thaker, S. (2019). *The journey to an agile organization* (S. 2–3). McKinsey & Company.
6. Burgelman, R. A., & Grove, A. S. (2007). Let chaos reign, then rein in chaos – Repeatedly: Managing strategic dynamics for corporate longevity. *Strategic Management Journal, 28*(10), 967–979.
7. Burgelman, R. A., Floyd, S. W., Laamanen, T., Mantere, S., Vaara, E., & Whittington, R. (2018). Strategy processes and practices: Dialogues and intersections. *Strategic Management Journal, 39*(3), 1–28.
8. Candido, C. J. F., & Santos, S. P. (2015). Strategy implementation: What is the failure rate? *Journal of Management & Organization, 21*(2), 237–262.
9. Freedman, R. (2016). *The agile consultant: Guiding clients to enterprise agility*. Springer.
10. Gupta, S. (2018). *Driving digital strategy*. Harvard Business Review Press.

11. Hambrick, D. C., & Fredrickson, J. W. (2001). Are you sure you have a strategy? *Academy of Management Exekutive, 15*(4), 48–59.
12. Hautz, J., Seidl, D., & Whittington, R. (2017). Open strategy: Dimensions, dilemmas, dynamics. *Long Range Planning, 50*(3), 298–309.
13. Horváth. (2022). Im strategischen Umfeld gestalten. https://www.horvath-partners.com/de/expertise/strategy-innovation/strategy.
14. Hough, J. R., & White, M. A. (2003). Environmental dynamism and strategic decision-making rationality: An examination at the decision level. *Strategic Management Journal, 24,* 481–489.
15. Hungenberg, H. (2014). *Strategisches Management in Unternehmen* (8. Aufl.). Springer Gabler.
16. Hutzschenreuter, T., & Kleindienst, I. (2006). Strategy-process research: What have we learned and what is still to be explored. *Journal of Management, 32*(5), 673–720.
17. Iaquinto, A. L., & Fredrickson, J. W. (1997). Top management team agreement about the strategic decision process: A test of some of its determinants and consequences. *Strategic Management Journal, 18,* 63–75.
18. Junni, P., Sarala, R. M., Taras, V. A. S., & Tarba, S. Y. (2013). Organizational ambidexterity and performance: A meta-analysis. *Academy of Management Perspectives, 27*(4), 299–312.
19. Lüthy, B. (24. November 2022). Erster Discounter mischt den Lebensmittelhandel per Klick auf. *Tages-Anzeiger.* https://www.tagesanzeiger.ch/aldi-liefert-neu-lebensmittel-nach-hause-820056072204.
20. Mathis, C. (2018). *SAFe – Das Scaled Agile Framework: Lean und Agile in grossen Unternehmen skalieren* (2. Aufl.). Dpunkt.
21. Matzler, K., Stadler, C., Hautz, J., von den Eichen, F. & Anschober, M. (2022). *Open strategy: Durch offene Strategiearbeit Disruption erfolgreich managen.* Franz Vahlen.
22. Mercedes-Benz Group. (2022). Geschäftsbericht 2021. https://group.mercedes-benz.com/dokumente/investoren/berichte/geschaeftsberichte/mercedes-benz/mercedes-benz-ir-geschaeftsbericht-2021-inkl-zusammengefasster-lagebericht-mbg-ag.pdf.
23. Mintzberg, H. (1994). The fall and rise of strategic planning. *Harvard Business Review, 72*(1), 107–114.
24. Mintzberg, H., & Waters, J. A. (1985). Of strategies, deliberate and emergent. *Strategic Management Journal, 6,* 257–272.
25. Müller-Stewens, G., & Lechner, C. (2016). *Strategisches management* (5. Aufl.). Schäffer-Poeschel.

26. Nestlé. (2022). Annual report 2021. https://www.nestle.com/sites/default/files/2022-03/2021-annual-review-en.pdf.
27. Osterwalder, A., & Pigneur, Y. (2011). *Business model generation*. Campus.
28. Pichel, K., Haas, T., & Kruschitz, B. (2022). *Strategility – Agile Strategieentwicklung: Prozess und Rollen, Tools und Anwendungsbeispiele*. Schäffer-Poeschel.
29. Porter, M. E. (1996). What is strategy? *Harvard Business Review, 74*(6), 61–78.
30. Porter, M. E. (1997). *Competitive strategy*. Free Press.
31. Porter, M. E., & Heppelmann, J. E. (2014). How smart, connected products are transforming competition. *Harvard Business Review, 92*(11), 64–88.
32. Rigby, D., & Bilodeau, B. (2018). Management tools & trends 2017/18. https://www.bain.com/insights/managementinstrumente-und-trends-2017-2018/.
33. Roche (2022). Geschäftsbericht 2021. https://assets.cwp.roche.com/f/126832/x/379b0beb5f/ar21d.pdf.
34. Rüegg-Stürm, J., & Grand, S. (2020). *Das St. Galler Management-Modell* (2. Aufl.). Utb.
35. Salmador, M., & Bueno, E. (2007). Knowledge creation in strategy-making: Implications for theory and practice. *European Journal of Innovation Management, 10*, 367–390.
36. Seidl, D., von Krogh G., & Whittington, R. (2019). Defining open strategy: Dimensions, practices, impacts, and perspectives. In D. Seidl, G. von Krogh, & R. Whittington (Eds.), *Open strategy* (S. 9–26). Cambridge University Press.
37. Senge, P. M. (2017). *Die fünfte Disziplin* (11. Aufl.). Schäffer-Poeschel.
38. Stieger, D., Matzler, K., Chatterjee, S., & Ladstaetter-Fussenegger, F. (2012). Democratizing strategy: How crowdsourcing can be used for strategy dialogues. *California Management Review, 54*(4), 44–68.
39. Sunner, A., Ates, A., & McKiernan, P. (2021). Open strategy: A systematic literature review and research agenda. In T. J. Andersen (Hrsg.), *Strategic responses for a sustainable future: New research in international management* (S. 67–86). Emerald Publishing.
40. Teece, D., Peteraf, M., & Leih, S. (2016). Dynamic capabilities and organizational agility: Risk, uncertainty, and strategy in the innovation economy. *California Management Review, 58*(4), 13–35.

41. Vaara, E., Rantakari A., & Holstein, J. (2019). Participation research and open strategy. In D. Seidl, G. von Krogh, & R. Whittington (Hrsg.), *Open Strategy* (S. 27–40). Cambridge University Press.
42. Vahs, D. (2019). *Organisation: Ein Lehr- und Managementbuch* (10. Aufl.). Schäffer-Poeschel.
43. Walter, S. (2019). *Strategie Design. Ein ganzheitliches Strategieverständnis für das digitale Zeitalter.* Springer.
44. Wheelen, T. L., Hunger, J. D., Hoffman, A. N., & Bamford, C. E. (2018). *Strategic management and business policy* (15. Aufl.). Pearson.
45. Whittington, R., Cailluet L., & Yakis-Douglas, B. (2011). Opening strategy: Evolution of a precarious profession. *British Journal of Management, 22*(3), 531–544.
46. Whittington, R., Regnér, P., Angwin, D., Johnson, G., & Scholes, K. (2021). *Strategisches management* (12. Aufl.). Pearson.

3
Analyse

> **Was Sie aus diesem Kapitel mitnehmen**
>
> - Die Analyse-Phase in einem Strategie-Prozess dient dazu, fundierte Informationen zur Ausgangslage außerhalb und innerhalb des Unternehmens aufzubereiten.
> - Die externe Analyse dient dazu, Chancen und Gefahren zu identifizieren.
> - Die interne Analyse bezweckt, Stärken und Schwächen aufzudecken.
> - Aus der externen und internen Analyse werden die verdichteten Erkenntnisse in einer SWOT zusammengetragen.
> - Auf dieser Basis lassen sich erste Ideen für die Formulierung der Strategie herleiten.

Die Phase der strategischen Analyse beinhaltet das Identifizieren von relevanten Fakten zur Ausgangslage außerhalb und innerhalb einer Organisation. Dementsprechend wird von interner und externer Analyse gesprochen. Im Mittelpunkt der Analyse-Phase steht das Sammeln und Aufbereiten von Informationen. Dazu eigenen sich verschiedene

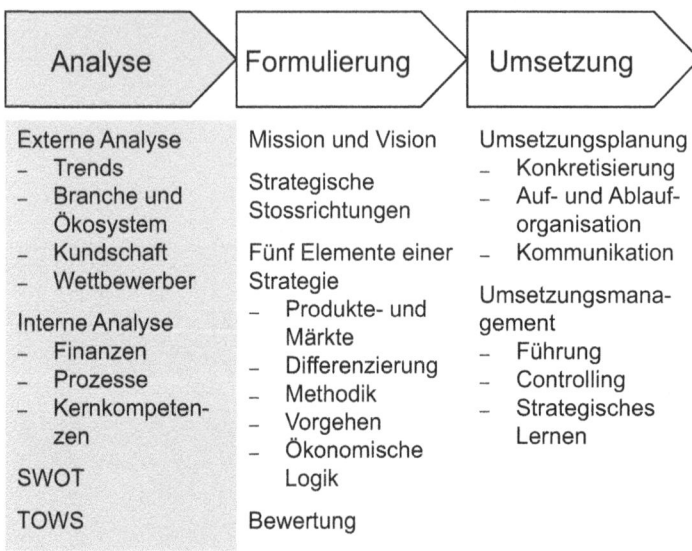

Abb. 3.1 Überblick Kap. 3 (Analyse)

Managementtools, um systematisch Informationen zu generieren, die Einfluss auf die Strategieentwicklung haben. In diesem Quick Guide wird ein Vorgehen vorgestellt, welches mit der externen Analyse beginnt und dabei Trends, Branche und Ökosystem, Kundinnen und Kunden sowie Wettbewerber betrachtet (Abschn. 3.1). Darauf folgen Ausführungen zur internen Analyse mit den Schwerpunkten Finanzen, Prozesse der Wertschöpfung und Kernkompetenzen (Abschn. 3.2). Im nächsten Schritt wird aufgezeigt, wie die Ergebnisse der externen und internen Analyse in einer Übersicht (SWOT) verdichtet werden können (Abschn. 3.3). Abschließend wird auf Basis der SWOT dargelegt, wie erste Ansätze für die Phase der Strategie-Formulierung abgeleitet werden können (Abschn. 3.4). Abb. 3.1 zeigt einen Überblick zu den Kernthemen in Kap. 3.

3.1 Externe Analyse

3.1.1 Trends

Oft wird in Führungspositionen von Trends gesprochen, die Einfluss auf eine Organisation haben. Beispielhafte Bezeichnungen für aktuelle Mega-Trends sind Gender Shift, Gesundheit, Globalisierung, Individualisierung, Konnektivität, Mobilität, Neo-Ökologie, New Work, Sicherheit, Silver Society, Urbanisierung und Wissenskultur [19]. Die entscheidende Frage für die Führung in einer Organisation ist letztlich, ob aus einem Trend eine Chance für die weitere Entwicklung erkannt wird – oder sich mögliche Gefahren abzeichnen.

Um relevante Trends zu eruieren, eignet sich die sogenannte „PESTEL-Analyse" [17]. PESTEL ist ein Kunstwort, wobei jeder Buchstabe für eine Trendsphäre, ein bestimmtes Umfeld außerhalb einer Organisation steht (P=political; E=economic; S=social; T=technological; E=ecological; L=legal). Eine Verwendung der PESTEL-Systematik hat den Vorteil, dass umfassend nach Trends im Umfeld gesucht wird. Damit kann dem Effekt entgegengewirkt werden, dass vorschnell lediglich auf bereits bekannte Trends fokussiert wird und mögliche Potenziale übersehen beziehungsweise Risiken nicht erkannt werden.

Bei der Anwendung der PESTEL-Logik können auch Verbindungen unter den verschiedenen Umfeldsphären erkannt werden. In Kap. 7 finden Sie eine Vorlage, die für die Anwendung übernommen und nach Bedarf angepasst werden kann. Um möglichst aussagekräftige Chancen und Gefahren zu identifizieren, empfiehlt sich der Einbezug von Informationen mehrerer Quellen wie zum Beispiel Daten staatlicher Statistik-Ämter, Studien von Verbänden, Beratungsunternehmen und Hochschulen sowie Berichte in renommierten Tageszeitungen oder spezifischen Fachmedien.

Digitalisierung nimmt in der Analyse des Makroumfelds eine zentrale Rolle ein. Ausgehend von der technologischen Sphäre wirken digitale Technologien in die weiteren Umfelder ein. So hat das Internet als technologische Basis substanzielle Veränderungen in der

Ökonomie-Sphäre geprägt, beispielsweise in der Ermöglichung neuer Geschäftsmodelle. Airbnb, Uber und Revolut sind nur drei Beispiele unter vielen. Auch im gesellschaftlichen Umfeld sind durch das Internet neue Entwicklungen zu beobachten, was an der Nutzung von Smartphones gut erkennbar wird. So zeigt eine aktuelle Studie, dass Jugendliche an Wochentagen durchschnittlich drei Stunden und zehn Minuten am Handy verbringen, an Wochenenden gar fünf Stunden [18]. Ebenfalls sind Auswirkungen in der politischen und rechtlichen Sphäre festzustellen, was sich beispielsweise an der Debatte rund um die sogenannte „Digitalsteuer" für Internetkonzerne zeigt [7]. Gut sichtbar wird dies zum Beispiel auf vielen Webseiten, wenn beim Aufrufen über die Verwendung von Cookies informiert wird. Im Weiteren stellen sich Fragen zu ökologischen Folgen der Digitalisierung, wie dies anhand der Diskussionen um Rohstoffe und Energie in der Öffentlichkeit deutlich wird. So besteht ein Smartphone aus über 50 chemischen Elementen, wovon einige seltene Metalle sind, deren Abbau stark kritisiert wird [10].

3.1.2 Branche und Ökosystem

Die Analyse der Branche bildet einen wichtigen Ausgangspunkt für strategische Überlegungen. Traditionellerweise wird die Attraktivität einer Branche und damit die Profitabilität anhand des Five-Forces-Bezugsrahmens von Michael Porter [13] beurteilt [17]. Dabei werden fünf sogenannte „Wettbewerbskräfte" betrachtet: bestehende Wettbewerber, Lieferanten, Abnehmer, potenzielle Wettbewerber und Anbieter von Substituten. Typische Faktoren zur Beurteilung einer Wettbewerbskraft sind Ein- beziehungsweise Austrittsbarrieren in den Markt, die Anzahl Akteure, Wechselkosten für Lieferanten, Kundinnen und Kunden sowie der Differenzierungsgrad der Produkte und Leistungen. In der Summe geben die Wettbewerbskräfte eine Beurteilung der Branchenattraktivität ab.

Im Zuge der Digitalisierung konvergieren aber immer mehr Branchen. Unternehmensübergreifende Daten- und Informationsflüsse werden zunehmend für kundenorientierte Leistungserbringungen genutzt. In diesem Zusammenhang wird vermehrt von „Business-Ökosystemen" gesprochen. Gemeint ist dabei eine Organisationsform mit verschiedenen Akteuren, die grundsätzlich unabhängig sind, jedoch in einer koordinierten Weise zusammenarbeiten, um ein „geteiltes Nutzenversprechen" zu ermöglichen und „so einen Mehrwert" zu schaffen [1, 12]. Business-Ökosysteme verändern die oben angesprochene Branchenanalyse umfassend. Nicht nur die bisherigen Branchenwettbewerber sollten hinsichtlich ihres Bedrohungspotenzials analysiert werden, sondern auch Business-Ökosysteme, die ähnliche oder angrenzende Leistungen erbringen.

> **Praxisbeispiel: Business-Ökosystem Immobilienbranche**
>
> In der Immobilienbranche versuchen derzeit nahezu alle Player Business-Ökosysteme aufzubauen. So haben sich etwa 18 Kantonalbanken zusammengefunden und das Portal Newhome.ch aufgebaut. Dort sind 500 Immobilienfirmen vertreten, um Wohnungssuchenden Angebote zu unterbreiten [6]. Weitere Leistungen wie Umzugsdienste, Ummelde-Hilfe für Telekom und Post, Hausrat-Versicherungen, Hausschätzungen, Grundstückskauf, Hypothekenvermittlung, Inneneinrichtung etc. scheinen vielversprechend für sorglose Rundum-Pakete im Immobilienbereich [5]. Beim Aufbau derartiger Business-Ökosysteme stehen die Kantonalbanken in direkter Konkurrenz zu anderen Banken wie der UBS, aber auch zu Versicherungen wie Mobiliar, Baloise und Swiss Life [6].

Die Analyse der fünf Wettbewerbskräfte kann durch die Betrachtung von Komplementären und weiteren Akteursgruppen erweitert werden und so zu einer Übersicht der Wettbewerbslandschaft verwendet werden (in Kap. 7 finden Sie eine Vorlage). Als Komplementäre werden Unternehmen bezeichnet, wenn deren Produkte oder Leistungen in Verbindung mit einem Produkt oder einer Leistung eines anderen Unternehmens bei Kundinnen und Kunden zu einem Mehrwert führen [9]. Beispielsweise sind App-Anbieter Komplementäre von Smartphone-Herstellern. Mit der Sicht auf Business-Ökosystemen kann den gegenwärtigen Marktverhältnissen Rechnung getragen werden, die durch Globalisierung und Digitalisierung geprägt sind. Um die vorherrschende Dynamik und Komplexität in Wirtschaftssystemen besser zu verstehen, eignet sich daher die Betrachtung von Business-Ökosystemen.

3.1.3 Kundschaft

Ein genaues Verständnis von bestehenden Kundinnen und Kunden und von potenziellen Neukäuferinnen und -käufern steht im Zentrum vieler Marketingmaßnahmen. In der Praxis ist die Bildung von Kundengruppen mit ähnlichen Profilen sowohl für Privat- also auch für Firmenkunden weit verbreitet. Diese sogenannte „Segmentierung" bietet – je nach Datenqualität der zugrunde liegenden Unterscheidungsmerkmale – mögliche Anhaltspunkte für die Leistungsbedürfnisse der Kundschaft. Übliche Segmentierungskriterien sind

- demografische oder unternehmerische Charakteristika wie z. B. Alter, Einkommen und Unternehmensgröße,
- Kauf- und Nutzungssituationen wie z. B. Einkaufsvolumen und -häufigkeit,
- Nutzungspräferenzen wie z. B. Bedeutung bestimmter Features, Einkaufsassistenz und Servicenachfrage.

Die Digitalisierung ergänzt die Inhalte obiger Segmentierungskriterien. Bei den Charakteristika beispielsweise wird das Know-how im Umgang mit digitalen Leistungen und Abläufen relevant, bei den Nutzungspräferenzen die Abhängigkeit von digitalen Prozessoptimierungen. Die beiden folgenden Praxisbeispiele verdeutlichen diese Veränderungen.

Praxisbeispiel: Digitale Charakteristika der Kundschaft

Viele Kreditinstitute haben ihre Kundschaft jahrelang gemäß ihrer Profitabilität segmentiert und spezielle Angebote für sehr vermögende Privatpersonen unterschieden von jenen für Retailkunden. Durch die Digitalisierung wird nun vermehrt gemäß dem Informations- und Unterstützungsbedürfnis bei der digitalen Leistungsabwicklung segmentiert. Sogenannten „Convenience-Kundinnen und -Kunden" werden einfache digitale Vergleichsmöglichkeiten mit geringem Aufwand zur Verfügung gestellt, während „Experten" tiefgehende Informationen und individuelle digitale Beratung angeboten werden.

> **Praxisbeispiel: Digitale Nutzungspräferenzen**
>
> Ein Hersteller für Analysegeräte hat seine Firmenkunden bisher gemäß Branche und Kaufhäufigkeit segmentiert. Für das neue digitale Angebot der sensorgestützten, vorausschauenden Wartung wird nun die Abhängigkeit der Kundschaft von den Analysegeräten ein relevantes Kriterium. Die sogenannte „Mission-Critical-Kundschaft" benötigt in ihren Produktionsabläufen ein reibungsloses Funktionieren der Analysegeräte und ist bereit, für digitale Wartungssensoren zu zahlen.

In Bezug auf die Auswirkungen der Digitalisierung gilt es zu bedenken, dass gerade im Kaufprozess an mehreren Stellen durch mehrere Personen Einfluss genommen wird und dieser dadurch „sozialer geprägt" wird [11]. Eine geeignete Strukturierung des Kaufprozesses umfasst die Phasen Aware (Aufmerksamkeit), Appeal (Reiz), Ask (Nachfrage), Act (Handlung) und Advocate (Empfehlung) [11]. Werden auch frühere Erfahrungen sowie mögliche zukünftige Kontakte miteinbezogen, wird von einer Customer Journey gesprochen [8].

In Kap. 7 finden Sie eine Liste einiger entscheidender Fragen zu Kundinnen und Kunden, auf deren Basis weitere Chancen und Gefahren eruiert werden können.

3.1.4 Wettbewerber

Die Analyse der einzelnen Konkurrenzunternehmen dient dazu, weitere Chancen und Gefahren zu identifizieren. Der Vergleich mit anderen Wettbewerbern kann anhand verschiedener Themen wie beispielsweise Produkt- und Leistungskonfiguration, Preisstruktur, Vertrieb, Marketing, Innovationen und Positionierung in der Wertschöpfungskette strukturiert werden. Gerade auch in Bezug zur Digitalisierung lohnt es sich, Konkurrenzgruppen zu identifizieren, die sich in ihren Ansätzen zur digitalen Transformation ähnlich sind. Je nach Branche werden zusätzlich spezifische Merkmale verglichen und beurteilt, um herauszufinden, wie das eigene Unternehmen im Wettbewerb steht.

Oft lässt sich daraus erkennen, ob ein Unternehmen über einen Wettbewerbsvorteil gegenüber anderen Gruppen von Wettbewerbern verfügt. Ein Wettbewerbsvorteil liegt dann vor, wenn der von Kundinnen und Kunden wahrgenommene Nutzen höher beurteilt wird als derjenige eines Marktangebots anderer Wettbewerber [9].

Gerade im Kontext der Digitalisierung ist eine detaillierte Betrachtung des Wettbewerbsumfelds sinnvoll. In einigen Branchen sind in den letzten Jahren diverse Unternehmen entstanden, die auf einer digitalen Geschäftslogik basieren und zu relevanten Konkurrenten etablierter Organisationen wurden. Bekannte Beispiele sind Airbnb, Spotify und Uber. Es lohnt sich, den Blick auch auf Startup-Unternehmen zu richten und Entwicklungen zu verfolgen. In Kap. 7 finden Sie eine Vorlage für die Strukturierung der Konkurrenzanalyse.

Praxisbeispiel: Wettbewerber im Automobilmarkt

Eine Untersuchung des BCG Henderson Institute zeigt, dass etablierte, große Automobilhersteller am Aktienmarkt einen deutlich geringeren Barwert zukünftiger Investitionsmöglichkeiten haben als ihre Nicht-Automobil-Herausforderer, die in den Automobilmarkt eingetreten sind – beispielsweise Google, Mobileye oder Acer [14]. Diesen Herausforderern werden positivere Entwicklungsmöglichkeiten zugetraut – ein Indiz, dass sich der Wettbewerb für Automobilhersteller in diese Bereiche verlagert. Offensichtlich bewerten Investierende die bestehenden Wettbewerber kritisch hinsichtlich der zukünftig nötigen technologischen Kompetenzen wie beispielsweise Softwareentwicklung und Innovationen im Marktsegment der Elektroautos.

3.2 Interne Analyse

3.2.1 Finanzen

Ein geeigneter Ausgangspunkt für die interne Analyse bildet die Betrachtung diverser Finanzzahlen wie Umsatz in spezifischen Produkt-/Leistungs-, Kundinnen- und Kunden- sowie geografischen Segmenten oder auch verschiedener Kostenarten wie Material, Marketing und Personal. Als Datenbasis dienen die Erfolgsrechnung, die Bilanz, die Geldflussrechnungen und Reportingdaten vergangener Jahre (beispielsweise fünf Jahre) sowie Planungszahlen. Die Betrachtung von Zeitreihen gibt grundsätzlich Aufschluss über positive, neutrale oder negative Entwicklungen. In der Detailanalyse wird versucht, Erklärungen für Auffälligkeiten zu finden. In Kap. 7 finden Sie eine Vorlage zur Analyse der finanziellen Ausgangslage.

Letztlich geht es bei der Analyse der finanziellen Ausgangslage darum, ein fundiertes Verständnis zu zentralen Fragen der finanziellen Führung zu erhalten:

- In welchen Segmenten sind die Umsatzentwicklungen positiv beziehungsweise negativ? Wo zeigen sich Auswirkungen durch die Digitalisierung (z. B. Umsatzverluste durch neue Wettbewerber mit digital-basiertem Geschäftsmodell)?
- Welche Kostenarten entwickeln sich positiv beziehungsweise negativ? Welche Folgen hat die Digitalisierung auf spezifische Kostenarten (z. B. höhere Kosten im Marketing für Kundenakquisition und -bindung)?
- In welchen Segmenten ist die Profitabilität positiv beziehungsweise negativ? Wie hoch ist der Veränderungsanteil in der Profitabilität, der sich durch die Digitalisierung erklären lässt? Angenommen, die Entwicklung schreitet im gleichen Maße fort: Wie sieht die Lage in drei bis fünf Jahren aus?
- Wie ist die Liquidität zu beurteilen? Welcher Spielraum steht für mögliche Investitionen in die Digitalisierung zur Verfügung?

Die Antworten auf diese Fragen geben Anhaltspunkte zu Stärken und Schwächen eines Unternehmens.

> **Praxisbeispiel: Umsatzstruktur Zeitungsbranche**
>
> Eine Studie im Auftrag des deutschen Bundesverbands der Digitalpublisher und Zeitungsverleger zeigt, wie die Abonnements, Vertriebs- und Werbeumsätze 2021 im Vergleich zum Vorjahr vom Top-Management eingeschätzt werden [3]. Während die Abonnementzahlen in den digitalen Medienkanälen um 16 % (E-Paper) und 47 % (kostenpflichtige digitale Inhalte, sogenannter „Paid Content") steigen, verlieren

> gedruckte Zeitungen 3 %. Die Vertriebserlöse werden bei den digitalen Medienformaten (E-Paper+17 %, Paid Content+44 %) deutlich positiver beurteilt als beim Print (+0,3 %). Bei den Werbeerlösen wird ein anderes Verhältnis sichtbar: Beim Print wird mit einem Rückgang von 4 %, bei den digitalen Umsätzen wird insgesamt mit einem Plus von 6 % gerechnet. Ein genaues Verständnis der veränderten Umsatz- und Kostenstruktur bildet den Rahmen für strategische Weiterentwicklungen, was bei vielen Zeitungsunternehmen daran zu beobachten ist, dass journalistische Inhalte zunehmend in digitaler Form angeboten werden.

3.2.2 Prozesse der Wertschöpfung

Um weitere Stärken und Schwächen zu eruieren, hilft ein vertieftes Verständnis der Wertschöpfung eines Unternehmens aus einer Prozessperspektive. Dabei steht im Zentrum, einzelne Aktivitäten im Unternehmen daraufhin zu analysieren, ob diese zur Erzielung eines Wettbewerbsvorteils beitragen. Wie in Abschn. 2.2 erwähnt, ist die Thematik der Wettbewerbsvorteile von besonderer Bedeutung im Strategischen Management. Wettbewerbsvorteile gelten als Voraussetzung für den (finanziellen) Erfolg [9].

Aus diesem Grund empfiehlt sich eine sorgfältige Betrachtung der unterschiedlichen Prozesse, um diese im Hinblick auf Einflüsse der Digitalisierung zu analysieren. Eine hilfreiche Strukturierung ist die Unterscheidung in die drei Prozesstypen Geschäfts-, Management- und Unterstützungsprozesse [15]. Geschäftsprozesse umfassen die Abfolge wesentlicher Tätigkeiten, um Nutzen für spezifische Anspruchsgruppen zu stiften ([15], S. 77). In der Regel lassen sich Input-, Produktions- und Output-Schritte identifizieren. Auch Marketing und Vertrieb sind wesentliche Aktivitäten von Geschäftsprozessen. Damit Geschäftsprozesse funktionieren, bedarf es unterschiedlicher Management- und Unterstützungsprozesse. Unter Managementprozessen werden Themen verortet, die im Zusammenhang mit der Gestaltung und Entwicklung einer Organisation und deren Wertschöpfung stehen ([15], S. 75). Zu den typischen Managementprozessen zählen normative Orientierungsprozesse, strategische Entwicklungsprozesse und operative Koordinationsprozesse ([15], S. 76–77). Für gewöhnlich reichen Geschäfts- und Managementprozesse nicht aus für das Funktionieren einer Organisation. Vielmehr nehmen Unterstützungsprozesse eine wichtige Rolle ein ([15], S. 80). Beispiele für Unterstützungsprozesse sind Personal (Human Resources), IT, Kommunikation und Infrastruktur. In Kap. 7 finden Sie Vorlage über die Schlüsselfragen zur Analyse von erfolgskritischen Teilen der unterschiedlichen Prozesstypen. Für eine Organisation ist es wichtig, Digitalisierungsstand und -veränderungen im Prozessgefüge zu ermitteln, um gezielt Maßnahmen zur Sicherstellung und zum Aufbau von Wettbewerbsvorteilen zu ergreifen.

> **Praxisbeispiel: Wertschöpfungsprozess einer Zeitung**
>
> Der Prozess der Produktion einer gedruckten Zeitung weist Gemeinsamkeiten, aber auch Unterschiede zur Herstellung einer digitalen Zeitung auf. Wie in Abb. 3.2 ersichtlich, stehen für die Erstellung von Inhalten bei der digitalen Zeitung mit Bewegtbild und Ton weitere Medienformate zur Verfügung. Der Druck einer Zeitung auf Papier entfällt vollständig bei der digitalen Zeitung; auch der Vertrieb unterscheidet sich wesentlich von einer gedruckten Zeitung.

3.2.3 Kernkompetenzen

Basierend auf einem tiefen Verständnis der verschiedenen Prozesse ist die Auseinandersetzung mit Ressourcen und Fähigkeiten eines Unternehmens ein wesentlicher Teil der internen Analyse. Ressourcen und

Prozess der Produktion für gedruckte Zeitungen

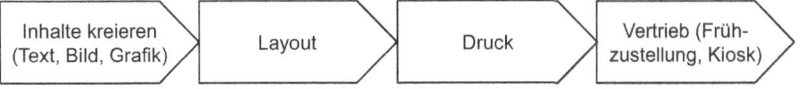

Prozess der Produktion für digitale Zeitungen (Webseite)

Abb. 3.2 Produktionsprozesse für gedruckte und digitale Zeitungsinhalte

Fähigkeiten, die für ein Unternehmen „besonders erfolgskritisch sind, werden als Kernkompetenzen (,Core Competencies') bezeichnet" [9].

Kernkompetenzen können anhand von zwei Kriterien – strategische Bedeutung und Wettbewerbsstellung – von anderen Kompetenzen abgegrenzt werden. Die Einschätzung zur Wettbewerbsstellung erfolgt durch den Vergleich der eigenen Ressourcen und Fähigkeiten mit denjenigen des Unternehmens, zu dem das stärkste Konkurrenzverhältnis besteht. Die strategische Bedeutung von spezifischen Ressourcen und Fähigkeiten kann mit den folgenden Fragen beurteilt werden [2, 9]:

- Sind diese Ressourcen und Fähigkeiten wertvoll?
- Sind diese Ressourcen und Fähigkeiten selten?
- Sind diese Ressourcen und Fähigkeiten nachhaltig, d. h. nicht leicht zu kopieren und nicht ersetzbar?

Werden diese Fragen eindeutig mit einem Ja beantwortet, weist dies auf eine hohe strategische Bedeutung hin. Trifft beides zu – hohe strategische Bedeutung und Stärke –, kann von einer Kernkompetenz gesprochen werden. Im Zuge der Digitalisierung kann sich die strategische Bedeutung wie auch die Wettbewerbsstellung substanziell ändern. Es empfiehlt sich, zwei grundsätzliche Fragen detailliert zu beleuchten:

- Welche bestehenden Kernkompetenzen verlieren an Bedeutung in Bezug auf Wettbewerbsstellung und strategische Bedeutung?
- Welche Kernkompetenzen werden benötigt, um in Zukunft erfolgreich im Wettbewerb zu bestehen?

> **Praxisbeispiel: Kernkompetenzen von Zeitungs- und Zeitschriftenverlagen**
>
> Aus dem Praxisbeispiel zum Produktionsprozess gedruckter und digitaler Zeitungen (Abb. 3.2) wird erkennbar, dass die Kreation von Inhalten durch die Herstellung von Bewegtbild- und Ton-Inhalten vielfältiger wird. Dies bedingt, entweder gezielt professionell produzierte Inhalte einzukaufen oder neue Kompetenzen für die Herstellung von Videos aufzubauen. Diese Medienformen spielen im Wettbewerb eine zentrale Rolle,

> denn damit unterscheiden sich die Marktplayer voneinander. Ebenso wird deutlich, dass für den Vertrieb neue Kompetenzen wie beispielsweise die Bereitstellung von Inhalten in App Stores benötigt werden. Da die gedruckte Auflage von Zeitungen mehrheitlich rückläufig ist, hat der Druck an Bedeutung verloren. Insofern erstaunt es nicht, dass in den letzten Jahren im Schweizer Markt der Zeitungsdruckereien eine Konsolidierung stattgefunden hat: NZZ und Blick werden in den gleichen Druckereien wie Tagesanzeiger und 20 min gedruckt [4]. In Bezug auf Kernkompetenzen heißt dies für Zeitungsverlage, gezielt neue Ressourcen und Fähigkeiten in der Herstellung und im Vertrieb von Inhalten zu kreieren. Hingegen nimmt die Bedeutung der Kompetenzen in der Wertschöpfungsstufe des Drucks ab.

Für die Beurteilung der Wettbewerbsstellung geben Erkenntnisse aus der Analyse der Wettbewerber (siehe Abschn. 3.1.4) Hinweise, ob die betrachteten Ressourcen und Fähigkeiten besser oder schlechter als bei Konkurrenzunternehmen ausgestaltet sind. Im positiven Fall handelt es sich um eine Stärke gegenüber den Wettbewerbern, im negativen Fall um eine Schwäche.

3.3 SWOT, SWOT³, strategische Herausforderung

Nach der Durchführung diverser Analysen zum externen Umfeld eines Unternehmens (Abschn. 3.1) sowie zur internen Ausgangslage (Abschn. 3.2) steht die Zusammenführung der Erkenntnisse an. Diese erfolgt in einer einfachen Tabelle, die als „SWOT" bezeichnet wird [17]. SWOT ist ein Kunstwort, welches aus den Anfangsbuchstaben der englischen Begriffe „Strengths" (‚Stärken'), „Weaknesses" (‚Schwächen'), „Opportunities" (‚Chancen') und „Threats" (‚Risiken') zusammengesetzt ist. Aus der externen Analyse werden Chancen und Gefahren, aus der internen Analyse Stärken und Schwächen festgehalten. Ob eine Erkenntnis aus der Analyse in der SWOT aufgeführt wird oder nicht, hängt davon ab, wie relevant dieser Aspekt für den langfristigen Erfolg eines Unternehmens beurteilt wird.

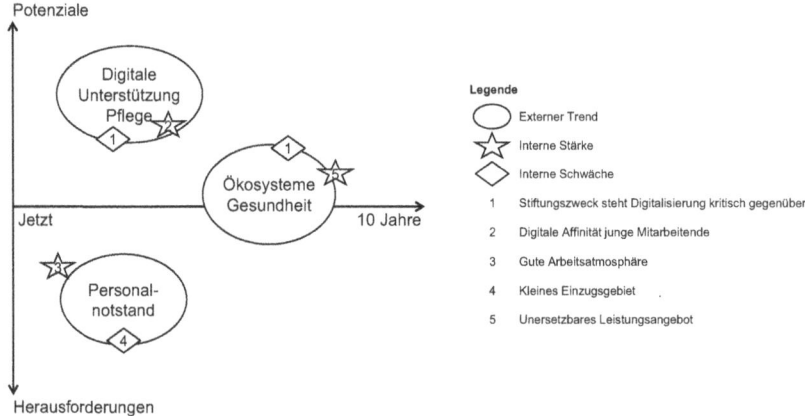

Abb. 3.3 Auszug aus einer SWOT3 eines Alterspflegeheims

Wer eine etwas ausdifferenziertere Methodik sucht, kann die SWOT^3-Methodik nutzen [16]. Externe und interne Einflussfaktoren werden in einem Koordinatensystem abgebildet (Abb. 3.3). Die externen Einflussfaktoren werden horizontal auf einer Zeitachse gemäß ihrer wahrscheinlichen Eintrittszeit als Kreise positioniert. Die Größe eines Kreises symbolisiert die Bedeutung für die Organisation. Die vertikale Position stellt die Einschätzung der Einflussfaktoren als Chance oder Risiko dar. Die relevanten internen Einflussfaktoren werden jeweils einem externen Einflussfaktor zugeordnet. Diese differenzierte Darstellung erlaubt einen einfachen Überblick über strategische Handlungsfelder, deren Bedeutung und Handlungszeitraum angepasst werden können, wenn veränderte Informationen vorliegen.

Die Formulierung der strategischen Herausforderung stellt den pointierten Abschluss der Ausgangsanalyse dar. Die Vielzahl gesammelter Informationen über positive und negative externe und interne Umstände birgt die Gefahr, dass nicht klar erkennbar ist, welches der Fokus der strategischen Arbeit sein sollte. Die Zusammenfassung zu einer strategischen Herausforderung hilft bei einer eindeutigen strategischen Ausrichtung. Derartige Herausforderungen können aus der SWOT^3 für verschiedene Zeithorizonte definiert werden, nämlich unmittelbare und mittelfristige Herausforderungen.

> **Praxisbeispiel: Strategische Herausforderungen eines Pflegeheims**
> Die unmittelbare strategische Herausforderung des oben skizzierten Alterspflegeheims lautet: „Digitale Neuerungen in unser Leistungsangebot und unsere Geschäftsbeziehungen mehrwertstiftend integrieren."
> Eine mittelfristige strategische Herausforderung für das Alterspflegeheim könnte lauten: „uns in entstehenden Business Ecosystems im Gesundheitswesen positionieren."

3.4 TOWS

Basierend auf der SWOT können auf elegante Weise erste Ideen für Strategische Stoßrichtungen gewonnen werden. Dazu werden die vier Bereiche der SWOT (Stärken, Schwächen, Chancen, Gefahren) in einer TOWS miteinander kombiniert (Abb. 3.4). Der Begriff „TOWS" setzt sich aus den gleichen Buchstaben wie „SWOT" zusammen, lediglich die Reihenfolge ist umgekehrt; des Weiteren verbirgt sich keine Bedeutung hinter den Buchstaben T, O, W und S. Die Verbindung von Stärken mit Chancen führt zu einer sogenannten „Offensivstrategie". Aus der Kombination von Schwächen und Gefahren ergibt sich eine „Defensivstrategie". Die Verknüpfung von Stärken und Gefahren zeigt eine „Kämpferstrategie" auf. Aus der Gegenüberstellung von Schwächen und Chancen entstehen Ansätze, die als „Optimismusstrategie" bezeichnet werden.

Die Digitalisierung bringt oft Entwicklungen mit sich, die sowohl positive als auch negative Aspekte beinhalten und deren Bedeutung und Eintrittszeit sehr unterschiedlich ausfallen. SWOT und TOWS bilden diese Differenzierung der strategischen Einflussfaktoren nur ungenügend ab. Die Methode „SWOT³"[16] stellt die externen und internen Einflussfaktoren in einem Koordinatensystem dar (Abb. 3.3). Die externen Einflussfaktoren werden horizontal auf einer Zeitachse gemäß ihrer wahrscheinlichen Eintrittszeit als Kreise positioniert. Die Größe eines Kreises symbolisiert die Bedeutung für das analysierende Unternehmen. Die externen Einflussfaktoren werden vertikal gemäß ihrer Einschätzung als Chance oder Herausforderung positioniert. Die

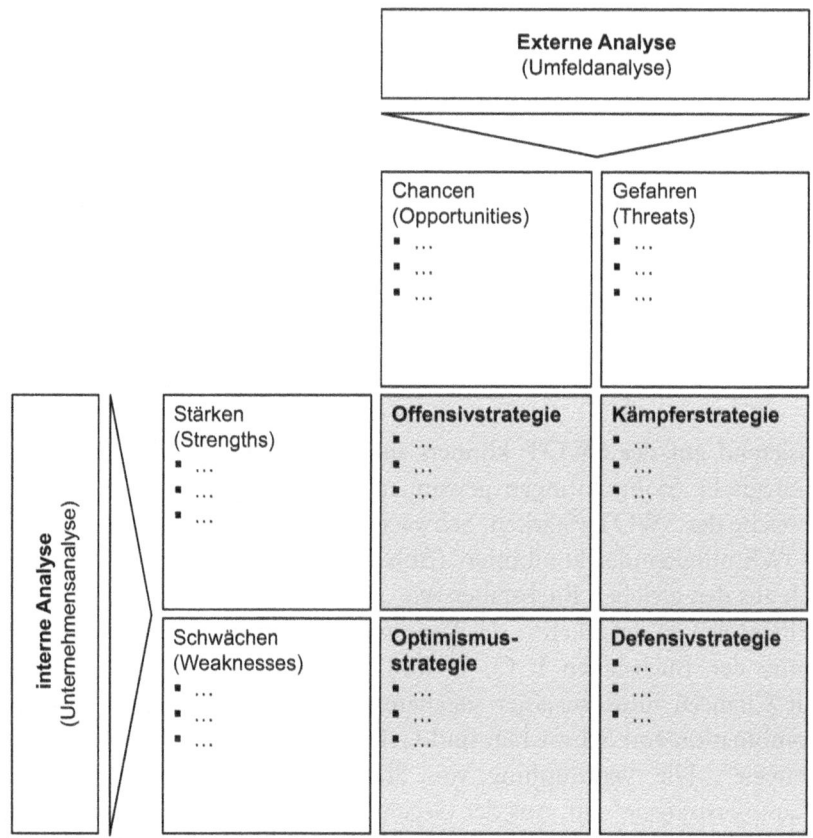

Abb. 3.4 SWOT und TOWS

relevanten internen Einflussfaktoren werden jeweils einem externen Einflussfaktor zugeordnet. Diese differenzierte Darstellung erlaubt einen einfachen Überblick über strategische Handlungsfelder, deren Bedeutung und Handlungszeitraum angepasst werden können, wenn veränderte Informationen vorliegen. Anwenderinnen und Anwender von SWOT[3] sollten sich bewusst sein, dass die Daten und Fakten auch auf Prognosen basieren. Um sich nicht in einer Scheinsicherheit zu wiegen, empfiehlt sich ein regelmäßiges Überprüfen der getroffenen Annahmen.

Am Ende der Analysephase macht es Sinn, aus den ermittelten Einflussfaktoren die wichtigsten strategischen Erfolgsfaktoren auszuwählen. Diese ersten Überlegungen zur strategischen Weiterentwicklung können für die nächste Phase des Strategie-Prozesses – der Formulierung von Strategien – genutzt werden. Dazu finden sich vertiefende Ausführungen in Kap. 4.

> **Ihr Transfer in die Praxis**
> - Notieren Sie drei konkrete Themen aus der externen Analyse, die Sie faktenbasiert als Chancen für Ihr Unternehmen erkennen.
> - Schreiben Sie drei konkrete Entwicklungen aus der externen Analyse auf, die Sie faktenbasiert als Risiken für Ihre Organisation bewerten.
> - Überlegen Sie, welche drei spezifischen Punkte aus der internen Analyse als Stärken Ihres Unternehmens zu bezeichnen sind.
> - Denken Sie darüber nach, welche drei zentralen Aspekte aus der internen Analyse als Schwächen hervorgetreten sind.
> - Identifizieren Sie basierend auf der SWOT strategische Herausforderungen und erste Ideen, wie diese gemeistert werden könnten.

Literatur

1. Adner, R. (2017). Ecosystem as structure: an actionable construct for strategy. *Journal of Management, 43*(1), 39–58.
2. Barney, J. (1991). Firm resources and sustained competitive advantage. *Journal of Management, 17*(1), 99–120.
3. BDVZ. (2021). Trends der Zeitungsbranche 2021. https://www.bdzv.de/fileadmin/content/6_Service/6-1_Presse/6-1-2_Pressemitteilungen/2021/PDFs/BDZV_Schickler_Trendumfrage_2021_Praesentation_2021-02-09.pdf.
4. Beck, C. (2017). Offene Fragen zum neuen Druck-Deal. https://www.persoenlich.com/medien/offene-fragen-zum-neuen-druck-deal.
5. Chung, V., Dietz, M., Rab, I., & Townsend, Z. (September 2020). Ecosystem 2.0: Climbing the next level. *McKinsey Quarterly*. https://www.mckinsey.com/business-functions/mckinsey-digital/our-insights/ecosystem-2-point-0-climbing-to-the-next-level.

6. Gerber, S. (2020, 3. September). Wohneigentum: Im Dschungel der Ökosysteme. *Finews.ch.* https://www.finews.ch/news/finanzplatz/42767-oekosysteme-banken-versicherungen-moneypark-key4-homegate-newhome.
7. Handelsblatt. (2021). G7-Staaten erklären weltweite Digitalsteuer zur Priorität. https://www.handelsblatt.com/politik/international/besteuerung-von-internetkonzernen-g7-staaten-erklaeren-weltweite-digitalsteuer-zur-prioritaet/26911982.html?ticket=ST-3553556-WM1jztxyXgJtDaJyRFTl-ap4.
8. Hess, T. (2019). *Digitale Transformation strategisch steuern.* Springer.
9. Hungenberg, H. (2014). *Strategisches Management in Unternehmen* (8. Aufl.). Springer Gabler.
10. Jattke, M., Bieser, J., Blumer, Y., Itten, R., & Stucki, M. (2020). Environmental implications of service life extension of mobile devices. In S. J. Otto, N. Korf, P. M. Mählitz, & V. S. Rotter (Hrsg.), *WEEE plastic characterization and recyclability assessment: a case study for household appliances* (S. 163–170). Fraunhoferverlag.
11. Kotler, P. (2017). *Marketing 4.0.* Campus.
12. Müller-Stewens, G. & Stonig, J. (2019). Unternehmens-Ökosysteme und Plattformen: Auf dem Weg zu einem geteilten Verständnis. *Die Unternehmung, 73*(4), 374–380.
13. Porter, M. E. (2008). Die Wettbewerbskräfte – neu betrachtet. *Harvard Business Manager, 30*(5), 20–26.
14. Reeves, M., Bergman, R., Gourévitch, A., & Ortiz, M. (2016). Forks in the Road: Navigating Industry Disruption. *BCG Perspectives,* 1–9.
15. Rüegg-Stürm, J., & Grand, S. (2020). *Das St. Galler Management-Modell* (2. Aufl.). Utb.
16. Thode, S., & Wistuba, L. (2019). SWOT 3 als Methode der agilen Strategieentwicklung. In M. H. Dahm & S. Thode (Hrsg.), *Strategie und Transformation im digitalen Zeitalter* (S. 23–38). Springer Gabler.
17. Whittington, R., Regnér, P., Angwin, D., Johnson, G., & Scholes, K. (2021). *Strategisches Management* (12. Aufl.). Pearson.
18. ZHAW. (2020). James-Studie: Internetnutzung verlagert sich immer stärker aufs Smartphone. https://www.zhaw.ch/de/psychologie/ueber-uns/medien-news/medienmitteilungen/detailansicht-medienmitteilungen/event-news/james-studie-internetnutzung-verlagert-sich-immer-staerker-aufs-smartphone/.
19. Zukunftsinstitut. (2021). Die Megatrends. https://www.zukunftsinstitut.de/dossier/megatrends/#was-sind-megatrends.

4 Formulierung

> **Was Sie aus diesem Kapitel mitnehmen**
>
> - Wirkt sich die Digitalisierung stark und disruptiv auf eine Organisation aus, werden Veränderungen bei der Mission und Vision nötig.
> - Strategische Stoßrichtungen geben die grobe Entwicklungsrichtung an und sind inhaltliches Bindeglied zwischen den allgemein gehaltenen strategischen Führungsgrößen Mission (Grundauftrag) und Vision (Zukunftsbild) und den konkreten Themen einer Strategie.
> - Im Rahmen der Digitalisierung stehen die drei Strategischen Stoßrichtungen Digitalisierung zur Effizienzsteigerung, zur Produktführerschaft und zur Entwicklung neuer Angebots- und Marktstrukturen im Vordergrund.
> - Für die Ausformulierung einer Strategie ist beispielsweise die Strukturierung anhand der „Fünf Elemente einer Strategie" von [10] nützlich.
> - Bei der systematischen Bewertung von Strategieoptionen ist die Orientierung an den drei Kriterien Eignung, Akzeptabilität und Machbarkeit sinnvoll, um Alternativen für die strategische Weiterentwicklung zu vergleichen und Entscheidungen zu treffen [45].

In der nächsten Phase des Strategie-Prozesses werden die Erkenntnisse der Ausgangsanalyse in notwendige Veränderungen der Strategie übersetzt. Manchmal führt die Ausgangsanalyse auch zu Veränderungen der grundsätzlichen Stoßrichtung oder gar des Zukunftsbildes (Vision) und des Grundauftrages (Mission) einer Organisation. Die Wettbewerbsstrategie wird normalerweise regelmäßig – häufig im Jahresrhythmus – vor dem Hintergrund der externen und internen Analyse überprüft. Die anderen Führungsgrößen werden hingegen nur bei tiefgreifenden Veränderungen in der strategischen Positionierung der Organisation überprüft (Abb. 4.1).

Die Digitalisierung bringt auch für diese strategischen Führungsgrößen Veränderungen mit sich, von denen einige für diverse Unternehmen und Branchen wiederkehrend sind. In einer Befragung von 100 Unternehmensvertreterinnen und -vertretern wurde die Digitalisierung vor allem als Teil der Strategie und der strategischen Ziele angegeben [28]. Digitalisierung findet sich in Mission und Vision deutlich weniger wieder als in der Strategie und in den strategischen Zielen (Abb. 4.2).

Abb. 4.1 Strategische Führungsgrößen

Abb. 4.2 Digitalisierung als Teil von strategischen Führungsgrößen

Nachfolgend werden die immer wieder auftretenden digitalen Veränderungen in den strategischen Führungsgrößen benannt und mit Beispielen illustriert. Abb. 4.3 zeigt einen Überblick zu den Kernthemen in Kap. 4.

4.1 Mission und Vision

Sind die Veränderungen durch die Digitalisierung eindeutig und disruptiv, sollten Organisationen ihre Mission anpassen. Die Mission formuliert das sinngebende Selbstverständnis einer Organisation – den Grundauftrag einer Organisation in Wirtschaft und Gesellschaft. Im angelsächsischen Verständnis wird die Mission vermehrt auch als „Purpose" bezeichnet. In den letzten Jahren wird mit dem Purpose-Begriff eine gesellschaftsorientierte Ausrichtung des Unternehmenszwecks verbunden [20].

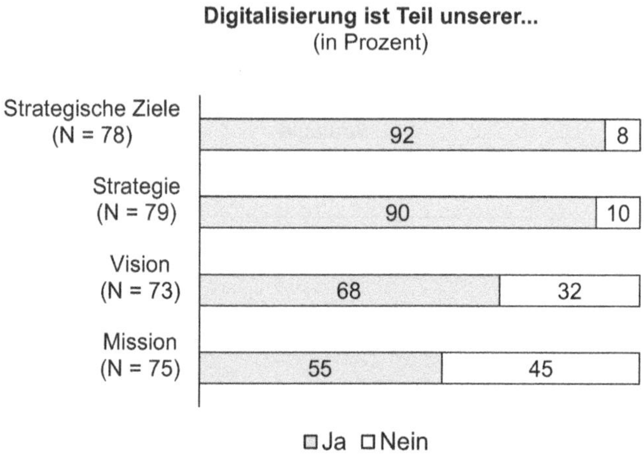

Digitalisierung ist Teil unserer...
(in Prozent)

	Ja	Nein
Strategische Ziele (N = 78)	92	8
Strategie (N = 79)	90	10
Vision (N = 73)	68	32
Mission (N = 75)	55	45

□ Ja □ Nein

Abb. 4.3 Überblick Kap. 4 (Formulierung)

Anpassungen der Mission sind kein selbstverständlicher Bestandteil der regelmäßigen Strategieentwicklung. Eine Mission sollte nur angepasst werden, wenn sich Kernauftrag und Selbstverständnis eines Unternehmens tatsächlich verändern. Durch die Digitalisierung ist vermehrt eine Abkehr vom Asset-gerichteten, an Organisationsgrenzen orientierten Unternehmensauftrag hin zum Auftrag als nutzenorientiertem Player in Leistungsgemeinschaften zu beobachten.

Praxisbeispiel: Mission der Schweizerischen Bundesbahnen

Für die SBB bedeutet die digitale Entwicklung einen Paradigmenwechsel. Es geht nicht mehr wie früher um „Schiene gegen Straße", sondern darum, der Kundschaft zu ermöglichen, die Stärken der verschiedenen Verkehrsträger optimal zu kombinieren. Ein Ziel ist es beispielsweise, der Kundschaft mit digitalen Dienstleistungen auf der gesamten Reisekette einen individuellen Mehrwert auf der Basis von Echtzeitdaten zu bieten. Die SBB will sich so zum gesamtheitlichen ÖV-Mobilitätsintegrator weiterentwickeln und ihrer Kundschaft einen einfachen, persönlichen Tür-zu-Tür-Service anbieten [34].

Auch die Vision wird nicht automatisch alljährlich angepasst, sondern nur, wenn die Ausgangsanalyse auf eine grundlegende Veränderung des Zukunftsbildes eines Unternehmens hindeutet. Die Vision beschreibt ein Bild von der zukünftigen Unternehmensumwelt und der angestrebten Positionierung des Unternehmens darin. Die Digitalisierung bringt unsichere Entwicklungstendenzen mit sich wie etwa die Rechtsprechung zur Besteuerung von Internetkonzernen und die Reaktion der Märkte darauf. Für besonders wichtige und unsichere Einflussfaktoren lohnt es sich, mit Szenarien zu arbeiten [21]. Dazu werden die relevantesten und unsichersten Einflussfaktoren in möglichen Ausprägungen beschrieben. Daraus ergeben sich mehrere Zukunftsbilder, für die jeweils eine anzustrebende Unternehmensposition entwickelt werden kann.

> **Praxisbeispiel: Vision zur Mobilität auf Grundlage von Szenarien**
> Die Bertelsmann Stiftung hat vier Szenarien zur Nutzung und Gestaltung der Mobilität mithilfe der Digitalisierung entwickelt [11]. Ihre Zukunftsbilder gehen von der Mobilität durch Service statt durch Fahrzeugbesitz aus. Die dadurch entstehenden Veränderungen werden für die Anwendungsfelder Bildung, Einkaufen, Arbeiten und Reisen konkretisiert.
> Daraus können Mobilitätsanbieter oder -Koordinatoren Visionen für die Rolle ihrer Organisation ableiten. So wurde etwa im Kanton Luzern für die „Zukunft Mobilität" die Vision formuliert: „Der Kanton Luzern sorgt für eine nachhaltige, differenzierte, einfach zugängliche und zuverlässige Mobilität." Für die verschiedenen Raumtypen im Kanton wurde die Vision konkretisiert mit Zielen wie „Leistungsfähige öV-Achsen mit intelligenten Technologien schaffen" oder „Vernetze Planung zwischen den Mobilitätsanbietern im urbanen Raum" [16].

4.2 Strategische Stoßrichtungen

Strategische Stoßrichtungen stellen das inhaltliche Bindeglied zwischen der langfristig orientierten Vision und den mittelfristig orientierten Strategieelementen dar. Somit umfassen Strategische Stoßrichtungen keine konkreten, strategischen Details wie beispielsweise relevante Kundengruppen oder Leistungen. Vielmehr geben Strategische Stoßrichtungen die grobe Entwicklungsrichtung an und machen diese präsentier- und diskutierbar.

Auf der Unternehmensebene beziehen sich die Strategischen Stoßrichtungen häufig auf das Portfolio der Geschäftsbereiche. Strukturierende Analyse- und Darstellungsformen wie die BCG-Matrix oder die McKinsey-Matrix [13] werden nach wie vor als Hilfsmittel genutzt.

Auf der Geschäftsbereichsebene stellen sich Fragen der Positionierung im Markt, wozu die Strukturierung von Porter zur Kosten- oder Qualitätsführerschaft genutzt werden kann [30]. Natürlich stellen sich auch für Geschäftsbereiche die Fragen von Wachstum oder Konsolidierung. Eine erweiterte Ansoff-Matrix kann helfen, die entsprechende Entscheidungsfindung zu diskutieren (Abb. 4.4).

Die Digitalisierung ändert nichts an diesen grundsätzlichen Inhalten der Strategischen Stoßrichtungen – sie kann vielmehr eingesetzt werden, um diese noch konsequenter und schneller zu realisieren. Drei Strategische Stoßrichtungen scheinen durch die Digitalisierung

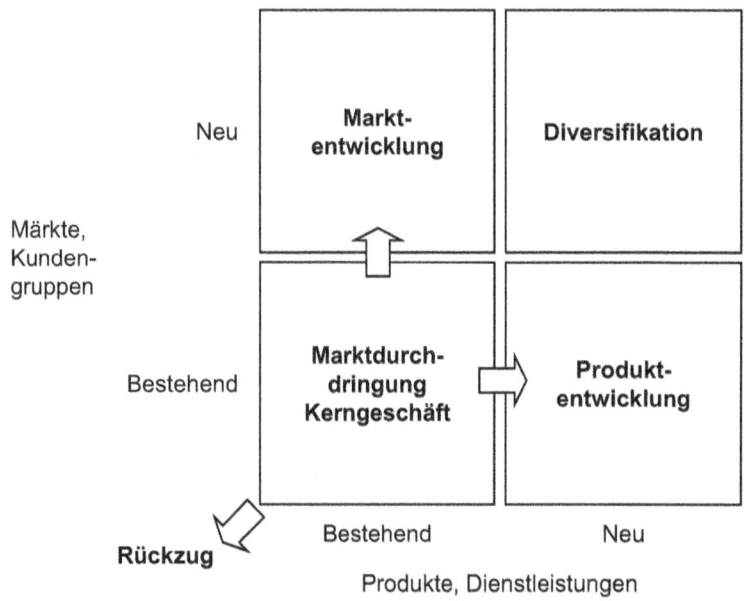

Abb. 4.4 Grundsätzliche Wachstums- respektive Rückzugsoptionen (in Anlehnung an [1])

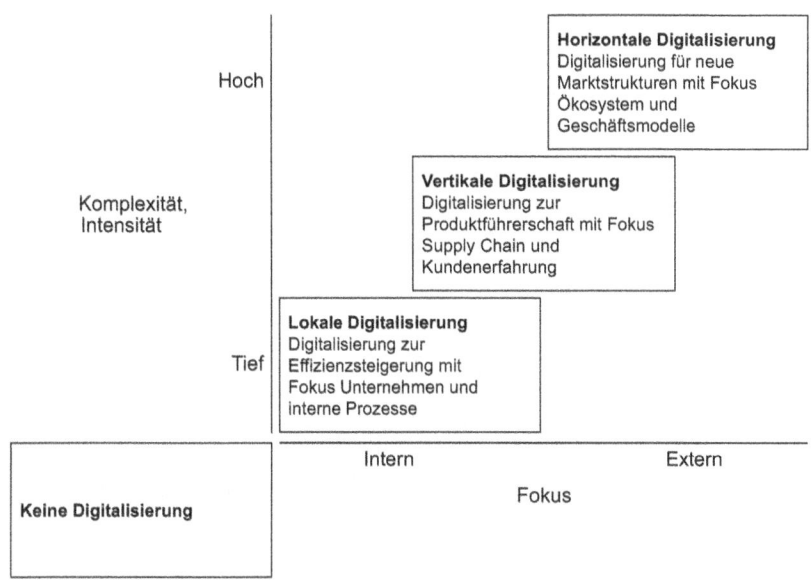

Abb. 4.5 Digitalisierung und strategische Stoßrichtungen

besonders vorangetrieben zu werden [44]: Digitalisierung zur Effizienzsteigerung, zur Produktführerschaft und zur Entwicklung neuer Angebots- und Marktstrukturen.

Diese Strategischen Stoßrichtungen sind in Abb. 4.5 entlang der Dimensionen Komplexität und Fokus abgebildet (siehe Vorlage in Kap. 7).

4.2.1 Digitalisierung zur Effizienzsteigerung

Als wesentliche Effizienztreiber gelten bei zwei Dritteln von 123 Unternehmen aus dem deutschsprachigen Raum [47]:

- Automatisierung und Vereinfachung von Prozessen
- Verbesserung der Auslastung von Maschinen und Mitarbeitenden
- Vermeidung von Fehlern
- Transparenz zur Optimierung von Wertströmen und Qualität.

Digitalisierung kann die entsprechenden Effizienzaktivitäten beispielsweise durch Process Mining, Robotic Process Automation, Digital Twins und Business Intelligence unterstützen. Process Mining ist eine Technik des Prozessmanagements, die es ermöglicht, Geschäftsprozesse auf Basis digitaler Spuren in IT-Systemen zu rekonstruieren und auszuwerten [7]. Robotic Process Automation (deutsch: ‚Robotergestützte Prozessautomatisierung', Abkürzung RPA) ist ein Ansatz zur Prozessautomatisierung, bei dem repetitive, manuelle, zeitintensive oder fehleranfällige Tätigkeiten durch Softwareroboter (Bots) erlernt und automatisiert ausgeführt werden [7]. Ein digitaler Zwilling (englisch: Digital Twin) ist eine digitale Repräsentanz eines materiellen oder immateriellen Objekts oder Prozesses aus der realen Welt in der digitalen Welt. Dies ermöglicht Simulationen und Optimierungen [35]. Geschäftsanalytik (englisch: Business Intelligence, Abkürzung BI) ist ein Begriff aus der Wirtschaftsinformatik, der Verfahren und Prozesse zur systematischen Analyse des eigenen Unternehmens bezeichnet [19].

Fast alle der befragten 123 Unternehmen verfolgen die entsprechende Strategische Stoßrichtung, Digitalisierung zur Effizienzsteigerung einzusetzen [47]. Erste Meta-Auswertungen mehrerer Studien zeigen für deutsche, mittelständische Unternehmen vor allem einen Effizienz-Nutzen der Digitalisierung im Rechnungswesen, in der Beschaffung und im Vertrieb [4].

Praxisbeispiel: Effizienzsteigerung Industrie

Die schweizerische Blechfabrik Emde setzt die Strategische Stoßrichtung „Digitalisierung zur Effizienzsteigerung" konsequent für ihre Wettbewerbspositionierung ein [38]. Durch die digitale Automatisierung ihrer Bestell- und Arbeitsplanungsprozesse ermöglicht sie der Kundschaft aus dem Küchen- und Maschinenbau, ihre Pläne direkt auf die Emde-Webseite hochzuladen. Dadurch können Auftragspreis und -zeit in Sekunden offeriert werden. Die Daten werden in Form elektronischer Tickets direkt an die Produktion weitergegeben, und eine Abholung der Blechteile ist oft schon möglich, wenn Mitbewerber erst ihre Offerte erstellt haben. Emde hat drei Jahre nach ihrer Gründung Gewinn erwirtschaftet und expandiert seither kontinuierlich.

4.2.2 Digitalisierung zur Produktführerschaft oder Differenzierung

Digitalisierung kann eingesetzt werden, um die Strategische Stoßrichtung der Produktführerschaft zu unterstützen. Durch die Gewinnung von Daten und die automatisierte Anpassung von Maschineneinrichtungen und Leistungsprozessen können individualisierte Angebote für Kundinnen und Kunden geschaffen und bewältigt werden. Unternehmen, die Digitalisierung überdurchschnittlich positiv für ihre Geschäftstätigkeiten erleben, verfolgen und schätzen Aktivitäten, die zu dieser Stoßrichtung gehören, doppelt so stark wie Unternehmen, die Digitalisierung weniger positiv für ihren Geschäftserfolg erleben [9]. Während Erstere über eine Zunahme im Verkauf neuer Angebote und eine Erhöhung des Kundenwerts durch die Digitalisierung berichten, bemerken die weniger erfolgreichen Unternehmen vor allem Kostensenkungspotenziale durch die Digitalisierung. Entsprechend wird die Strategische Stoßrichtung „Produktführerschaft durch Digitalisierung" inklusive der Entwicklung neuer Geschäftsmodelle als erfolgs- und gewinnträchtig gesehen und empfohlen [46].

> **Praxisbeispiel: Produktführerschaft Industrie**
>
> Neben der Individualisierung kann auch die „Informationsveredelung" durch digitale Technologien zur Produktführerschafts-Stoßrichtung beitragen. So bietet etwa Saltosystems neben traditionellen Schließzylindern auch elektronische Schließzylinder mit Protokollfunktion an [33]. Diese ermöglichen beispielsweise einem Krankenhaus auszulesen, wer welche Art von Zugriff zu mobilen Arzneimittelwagen hatte. Das ist ein Zusatznutzen, der Saltosystems eine Positionierung als Produktführer ermöglicht.

4.2.3 Digitalisierung für neue Marktstrukturen

Digitalisierung ermöglicht auch über die Unternehmensgrenzen hinaus, Leistungs- und Vertriebsprozesse zu flexibilisieren und zu verbinden. Dadurch können neue unternehmensübergreifende Angebote geschaffen werden, die das Kundenerlebnis attraktiver als unternehmensspezifische Einzelleistungen machen. Der Zusammenschluss von diversen Unternehmen, die sich gemeinsam strategisch im Markt positionieren, wird als Business-Ökosystem bezeichnet (Abschn. 3.1.2). Von den weltweit sieben erfolgreichsten Unternehmen sind sechs inzwischen Orchestratoren von Business-Ökosystemen [5]. Obwohl diese Strategische Stoßrichtung durchaus Erfolg verspricht, wird sie nur von wenigen Unternehmen erfolgreich angewandt. So berichtet eine McKinsey-Publikation, dass nur zehn Prozent der untersuchten Unternehmen tatsächlich mehr als fünf Prozent ihres Umsatzes mit Ökosystemen realisieren [5].

Einerseits ist das dem Umstand geschuldet, dass in vielen B2C-Bereichen bereits marktmächtige Business-Ökosysteme etabliert sind, die kaum noch Raum für konkurrierende Ökosysteme lassen. So wurden 2016 43 % des Online-Umsatzes im US-Handel über Amazon abgewickelt [43]. Das macht einen Markteintritt für weitere konkurrierende Ökosysteme herausfordernd. Andererseits dürfte ein weiterer Grund für die geringe Anzahl erfolgreicher Business-Ökosysteme die Herausforderung der strategischen Positionierung und Führung sein. Unternehmensübergreifende Governance-Fragen nach Entscheidungskompetenz, Aufgabenverteilung und Verantwortung müssen zusätzlich zu unternehmensinternen Aspekten der Organisation und Transformation koordiniert werden [14].

Praxisbeispiel: Ökosystem Bankenbranche

Die DBS Bank aus Singapur baut seit 2017 kontinuierlich an einem Ökosystem [36]. Dazu werden sukzessive Partner aus verschiedenen Branchen gewonnen, um bedarfsspezifische Finanzdienstleistungen aufzubauen. Mit Hochschulen und Institutionen aus dem Bildungssektor wird ein Spar- und Zahlsystem für Studierende entwickelt, mit Autohändlern Darlehen für den Autokauf, mit Immobilienhändlern Kredite für den Haus- und Grundstückserwerb. Die Ökosystem-Player profitieren von der branchenübergreifenden Kundengruppe, die DBS kann ihr Angebot differenzieren und ihren Brand positionieren. Dafür muss sie allerdings umfassende Koordinationen zwischen allen Partnern leisten, um die Gestaltung von Dienstleistungen, Rabatten, übergreifenden Finanzpaketen etc. zu verhandeln.

Abschließend sei darauf hingewiesen, dass digitale Technologien immer mehr ermöglichen, Prozesse und Angebote kurzfristig und effizient zu verändern und diverse Strategische Stoßrichtungen zu verfolgen. Auf das Phänomen der simultanen Geschäftsmodelle wird im nächsten Abschnitt weiter eingegangen. Damit müssen auch die beiden Grundpositionierungen der Kosten- oder Qualitätsführerschaft von Michael Porter [30] nicht mehr als unvereinbar gesehen werden.

4.3 Fünf Elemente einer Strategie

Als Strategie wird die langfristige Ausrichtung einer Organisation mit aufeinander abgestimmten strategischen Gestaltungsinhalten verstanden (Abschn. 2.1). Strategische Inhalte sind eine Kombination aus a) typischen Geschäftsmodell-Elementen wie Angeboten, Kundensegmenten und Erlösmodell und b) weiteren strategischen Entscheidungsinhalten wie Differenzierungsansatz, Methoden der Unternehmensentwicklung, strategischen Zeitsequenzen, integrierten Wertschöpfungsschritten und Kernkompetenzen des Unternehmens.

Als strukturierende Darstellung können die „Fünf Elemente einer Strategie" von Hambrick und Fredrickson Nutzen stiften [10]. Die Digitalisierung bringt neue Detailaspekte in diese strategischen Gestaltungsinhalte. Diese sind in Abb. 4.6 in die Struktur der Fünf Elemente integriert und werden nachfolgend erläutert (siehe Vorlage in Kap. 7).

4.3.1 Digitale Entscheidungsthemen in den Arenen

Bei der Definition des Strategieelements „Arenen" geht es um die Festlegung jene Spielfelder, in denen ein Unternehmen aktiv ist – oder eben auch nicht. Der bekannte Strategieprofessor Michael Porter beschreibt die klare strategische Positionierung mit der Entscheidung darüber, was ein Unternehmen tut oder was es nicht tut, als eine der relevantesten Aufgaben strategischer Entscheidungstragender [31].

Arenen
- Angebotskategorien: *Datenbasierte Services, Modularisierung, Individualisierung, Datenprodukte, Plattformen*
- Marktsegmente: *Strategische Kundschaft, Mikrosegmentierung der Kundschaft*
- Vertriebsgebiete: *Geografische Ausdehnung, virtueller Vertrieb (Online-Plattformen)*
- Kernkompetenzen: *Datenveredelung, Agilität*
- Wertschöpfungsebenen: *Integration, Desintegration von Wertschöpfungsschritten, Datenerhebung und -verwertung*

Zeit
- Geschwindigkeit
- Sequenzen: *Datenerhebung, -auswertung, -verwertung*

Ökonomische Logik
- Tiefere Kosten durch Skalen-Vorteile und *geringe marginale Zusatzkosten*
- Höhere Preise durch Top-Service und *besondere Produkteigenschaften, Netzwerkeffekte*
- *Intermediär-Arbitrage*
- *Value-based Pricing*

Differenzierung
- Image, Brand
- Kundenausrichtung: *Individualisierte Kundenlösung*
- Produkt-Verlässlichkeit: *Daten-/Netzwerk-Kompetenz*
- Preis: *Individualisierte Preiselemente*
- Design: *Individualisiertes Design*
- Vernetzung

Methoden der Unternehmensentwicklung
- Interne Entwicklung
- Joint Venture
- Kooperationen, *Coopetition*, Ökosysteme
- Lizenzen, Franchising
- M&A

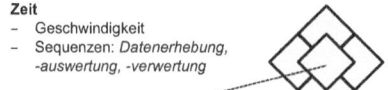

Abb. 4.6 Fünf Elemente einer Strategie unter Berücksichtigung der Themen der Digitalisierung (in Anlehnung an [10])

Angebote

Bei der Entscheidung über die relevanten und „bespielten" Angebots-Arenen ermöglicht die Digitalisierung neue Leistungsangebote durch Datengenerierung, -auswertung und. -bereitstellung:

- Sensoren erlauben das Angebot datenbasierter Einzel-Services wie der Fernwartung von Geräten oder Gebäuden – wie es etwa Siemens mit einer cloudbasierten Softwarelösung anbietet [37].
- Daten können auch für ein weiterreichendes Angebot ganzer Prozessoptimierungen genutzt werden – wie etwa die Erweiterung der Gebäudewartungssoftware von Siemens durch Empfehlungen für den Energieeinkauf für die Gebäude [37].
- Noch stärker erweitert können die Daten zum Angebot kompletter Lösungen führen – etwa, wenn Siemens das gesamte Gebäudemanagement übernimmt, inklusive Finanzierungsmodellen für Bau und Unterhalt [37].

- Aber auch die Modularisierung und damit Individualisierung von Leistungen wird durch Digitalisierung möglich. So können etwa für männliche Kunden von Hugo Boss Stoffe, Schnitte, Kragenformen und Knöpfe individuell zusammengestellt werden. Die Erfassung von Bio-Daten, Algorithmen zu ihrer Übertragung in Schnitte und 3D-Design ermöglichen diese Personalisierung relativ kostengünstig [12].
- Und selbstverständlich können Informationen auf Plattformen angeboten werden wie auf der Handelsplattform tutti.ch oder der Kontext-Plattform events.ch.

Kundinnen und Kunden

Bei den strategischen Entscheidungen zu relevanten und „bespielten" Kundschafts-Arenen sollten aufgrund der Digitalisierung neue Bedürfnisse und damit verbundene Segmentierungskriterien beachtet werden. Gemäß dem Modell von [17] können Kundenbedürfnisse unterteilt werden in.

- Basisanforderungen, die von der Kundschaft als selbstverständlich wahrgenommen werden und deren Bedeutung erst bewusst wird, wenn sie nicht erfüllt sind – etwa, dass ein Biometriescanner die Fußgröße einer Kundin oder eines Kunden korrekt misst.
- Leistungsanforderungen, die von der Kundschaft explizit wahrgenommen werden und aufgrund derer unterschiedliche Angebote verglichen werden – etwa, wie gut die Beratung für passende Schuhe aufgrund der gemessenen Biometriedaten ist.
- Begeisterungsanforderungen, die die Kundschaft als herausragend und nutzenstiftend empfindet – etwa, dass ein Schuh aufgrund der Biometriedaten per 3D-Druck individuell und sofort hergestellt wird und mitgenommen werden kann.

Die Inhalte dieser Bedürfniskategorien verändern sich durch die Digitalisierung umfassend. Unternehmen sollten explizit analysieren, welche Anforderungen ihre Kundschaft durch etablierte Digitalisierungsmöglichkeiten entwickeln. Die entsprechenden Bedürfniskategorien können Basis für eine neue Kundensegmentierung sein (siehe Vorlage in Kap. 7).

> **Praxisbeispiel: Kundensegmentierung Chemiebranche**
>
> Ein Hersteller von Analysegeräten für chemische Flüssigkeiten hat festgestellt, dass einige Kundinnen und Kunden der Medizin- und Lebensmittelbranche auf einen reibungslosen Einsatz der Analysegeräte angewiesen sind, um rechtliche Produktionsauflagen sicherstellen zu können. Für diese Kundschaft entwickelten sich Fernwartungsmöglichkeiten der Analysegeräte zu einer Leistungsanforderung. Andere Kundinnen und Kunden aus wissenschaftlichen Forschungseinrichtungen hingegen hatten diese Anforderungen gar nicht. Entsprechend wurde die Kundschaft neu segmentiert und der sogenannten „Mission-Critical-Kundschaft" wurde Predictive Maintenance als zusätzliches Leistungsangebot offeriert. Predictive Maintenance (deutsch: ‚vorausschauende Wartung') zielt darauf ab, Maschinen und Anlagen bei Bedarf proaktiv zu warten, damit es möglichst nicht zu ungeplanten Stillständen oder Qualitätsverlusten kommt [6].

Zudem ist bei der Kundensegmentierung zu beachten, dass Digitalisierung neue strategisch wichtige „Zwischen"-Kundschaft mit sich bringen kann. Dies sind Abnehmer, die zwischen dem Unternehmen und dem Endnutzer stehen ([15], S. 80 ff.). So ist durch den Online-Handel etwa Amazon zu einem strategischen Kunden für viele Anbieter geworden, dessen Bedürfnisse für die Aufnahme von Produkten und die Abwicklung des Verkaufsprozesses ebenfalls beachtet werden müssen.

Geografische Präsenz

Die strategischen Entscheidungen zu den geografischen Spielfeldern verändern sich durch die Digitalisierung umfassend, da über Plattformen und Business-Ökosysteme eine nahezu weltweite Präsenz möglich wird. Die einfach realisierbare virtuelle Präsenz muss sorgfältig reflektiert werden. Diese Reflexion muss einerseits hinsichtlich logistischer Abwicklungsmöglichkeiten und andererseits hinsichtlich Rolle und Verantwortung, die ein Unternehmen in Plattformen und allenfalls Ökosystemen einnehmen kann und will, durchgeführt werden. So bietet Amazon etwa drei abgestufte Handelsleistungen an, die dem Anbieter unterschiedliche Rechte bei Sortimentsgestaltung und Kundenansprache gewähren.

Auch in Business-Ökosystemen stellt sich die Frage nach der Rolle. Inzwischen werden die strategischen Rollen der Entwickelnden, Orchestrierenden und Teilnehmenden von Business-Ökosystemen unterschieden [36]. Jede Rolle hat ihren Reiz und ihre Herausforderungen:

- Entwickelnde von Business-Ökosystemen können die strategische Ausrichtung und das Portfolio eines Ökosystems gestalten und an der Prosperität erfolgreicher Systeme partizipieren. Das chinesische Unternehmen Ping An etwa etabliert professionell Ökosysteme im Bereich Smart City, Immobilien, Finanzen, Automobile und Gesundheitswesen [36].
- Orchestrierende können die Aktivitäten innerhalb eines Business-Ökosystems gemäß ihren eigenen Bedürfnissen gestalten und Potenziale von für sie vorteilhaften Abwicklungsstandards nutzen. Andererseits müssen sie aber auch selbständige Ökosystem-Partner koordinieren, ohne hierarchische Entscheidungsbefugnis zu haben.
- Teilnehmende von Business-Ökosystemen profitieren von der Ausweitung ihrer Präsenz und Angebotsmöglichkeiten. Dem gegenüber stehen aber die Limitationen des koordinierten Business-Ökosystems, die vermutlich die Entscheidungsfreiheit einschränken.

Für Organisationen stellt sich statt der Frage nach den geografischen Arenen durch die Digitalisierung also eher die Frage nach den virtuellen Spielfeldern und der eigenen Rolle darin.

Kernkompetenzen
Die strategischen Entscheidungen zu den Kernkompetenzen werden durch die Digitalisierung vor allem um Fragen zu Datennutzung und -management ergänzt. Die Unternehmensberatung Deloitte beschreibt einen Informations-Wert-Zirkel, der anschaulich macht, welche „Veredelungsschritte" ein Unternehmen für Informationen anbieten kann (Abb. 4.7; siehe auch Vorlage in Kap. 7).

Unternehmen können die entsprechenden Informationsveredelungs-Kompetenzen entweder selbst aufbauen oder extern beziehen. Die

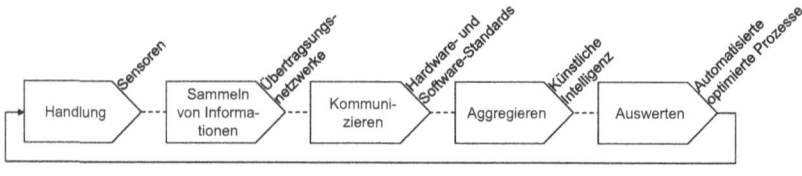

Erfolgsfaktoren:
- Qualität der Daten: Menge der Daten, Umfang pro Datensatz, Häufigkeit der Datenerfassung
- Risikomanagement: Datensicherung, Datenschutz
- Qualität der Datenübertragung: Echtzeit

Abb. 4.7 Kreislauf zur Wertschöpfung von Daten (in Anlehnung an [32])

Gestaltung der Kompetenzen sollte sich an dem avisierten Kundenbedürfnis – also der zu verbessernder Handlung (Abb. 4.7) – ausrichten.

> **Praxisbeispiel: Kernkompetenzen Smartwatch-Branche**
>
> Die Firmen Fitbit und Polar etwa bieten beide einen Fitnesstracker an. Fitbit zielt eher auf die „Handlung" der Fitnesssteigerung mit einer Community, Polar eher auf die ambitionierte, individuelle Leistungssteigerung. Entsprechend sind bei Polar vor allem Kompetenzen der präzisen Messung und Datenanalyse bei unterschiedlichsten Sportarten wie Schwimmen, Radfahren und Bergsteigen erfolgsrelevant, während bei Fitbit eher die Datenaggregation und -analyse über diverse Nutzer hinweg und Anregungen für eine spielerische „Handlungs"-Veränderung wichtig sind [32].

Neben der Überlegung, welche Kernkompetenzen der Informationsveredelung eine Firma intern oder extern halten möchte, stellen sich durch die Digitalisierung in diesem Spielfeld – wie im vorherigen Abschnitt bereits angesprochen – natürlich auch Kompetenzfragen zum Management von Plattformen und Ökosystemen. Eine weitere Kompetenz, die im oft wenig bekannten Gefilde digitaler Angebote mehr ins Bewusstsein rückt, ist eine agile Herangehensweise an strategische Veränderungen [27].

Wertschöpfungsschritte
Die strategischen Entscheidungen zu den intern oder extern realisierten Wertschöpfungsschritten werden durch die Digitalisierung vor allem

bezüglich hauseigener oder extern vergebener Datenverarbeitung beeinflusst. Für die entsprechenden Erläuterungen sei auf die vorherigen Ausführungen zu Kernkompetenzen verwiesen.

4.3.2 Digitale Entscheidungsthemen zu Methoden der Unternehmensentwicklung

Bei der Frage, wie die Entwicklung vom Ist- zum Soll-Zustand vollzogen werden könnte, stehen grundsätzlich drei Wege zur Auswahl: interne Entwicklung, externe Entwicklung (z. B. Akquisitionen) und Kooperationen [45]. Jede dieser Vorgehensweisen weist Vor- wie auch Nachteile auf. Beispielsweise dauern Veränderungen basierend auf eigenen Kompetenzen tendenziell länger, als wenn diese durch Kauf oder Partnerschaften erschlossen werden. Hingegen lösen Akquisitionen häufig signifikante Zahlungen, verknüpft mit hohen Erwartungen, aus, die sich nach einiger Zeit als zu optimistisch erweisen können.

Durch die Digitalisierung gewinnen Ökosysteme an Relevanz (Abschn. 3.1.2). Dabei treten paradoxe Verflechtungen unter Marktplayern auf. So stehen beispielsweise Apple und Samsung im harten Wettbewerb im Smartphone-Markt. Gleichzeitig besteht zwischen beiden Unternehmen eine Kundenbeziehung, denn Apple verwendet in einigen iPhone-Geräten Displays von Samsung. Dieses Phänomen der Kooperation unter Wettbewerbern wird als „Coopetition" bezeichnet. „Coopetition" ist ein Kunstwort bestehend aus „Competition" und „Cooperation". [3] wird zugeschrieben, den Begriff „Coopetition" in den wissenschaftlichen Diskurs eingebracht zu haben [2]. Der Ursprung der Verwendung des Begriffs geht auf Raymond Noorda (CEO von Novell) zurück [2].

Um Potenziale aus einer Coopetition-Konstellation abzuschöpfen, bedarf es seitens des Managements einer regelmäßigen und sorgfältigen Auseinandersetzung mit Spannungsfeldern, die aufgrund der gleichzeitigen Partnerschaft mit einem Konkurrenzunternehmen entstehen.

4.3.3 Digitale Entscheidungsthemen zur Differenzierung im Wettbewerb

Die Entscheidungen zur Differenzierung gegenüber der Konkurrenz beinhalten im Grunde Abwägungen zwischen einer Qualitäts- oder Preispositionierung, wie sie Michael Porter seit vielen Jahren empfiehlt [30]. Gewinnt das Unternehmen Kundinnen und Kunden eher durch Image, Kundenausrichtung oder Design oder eher durch niedrigere Preise? Die Digitalisierung unterstützt beide Grundpositionierungen, weil sie einerseits zu Effizienz- und Kosteneinsparungen beitragen kann und Leistungen damit preisgünstiger angeboten werden können. Andererseits können individualisierte Lösungen und ein besonderes Design geschaffen werden (Abschn. 4.2).

Die Wahl der Differenzierungsposition sollte auf die strategischen Arenen, vor allem auf die anvisierte Kundschaft, die eigenen Kernkompetenzen und die Wertschöpfungsschritte abgestimmt sein (Abschn. 4.3.1). Zusammen mit der Ökonomischen Logik (Abschn. 4.3.4) ergibt sich ein Geschäftsmodell. Bemerkenswert ist die Beobachtung, dass Digitalisierung in einigen Unternehmen zu einem simultanen Portfolio von Geschäftsmodellen führt [22]. Individuell auswählbare Teilleistungen und digital unterstützte Fertigungsprozesse machen diverse Kombinationen von Angeboten, Kundensegmenten und Erlösmodellen möglich. Teilweise werden aber auch die beiden Grundpositionen Qualitäts- oder Preisführerschaft kombiniert, ohne eine spezifische Geschäftsmodell-Zuordnung. Gerade in wettbewerbsintensiven Branchen scheinen verschiedene Differenzierungsmöglichkeiten parallel eingesetzt zu werden, was eine Orientierung für die Kundschaft teilweise erschwert.

Praxisbeispiel: Differenzierung in der Telekommunikations-Branche

Der Telekommunikationsanbieter UPC positioniert sich mit hoher Qualität im Festnetz-Internet-Zugang. UPC wirbt mit sehr guten Ergebnissen in Qualitätstests, Schnelligkeit, hoher Netz-Abdeckung und verlässlicher Übertragung [42]. Gleichzeitig werden diverse Preisrabatte angeboten. Auch wenn ein direkter Vergleich mit Konkurrenten wegen der

> vielschichtigen Leistungsdifferenzierung schwerfällt, entsteht doch der Eindruck, dass sowohl Qualität als auch Preis als Differenzierungsansätze genutzt werden.

Eine weitere Differenzierungsdimension ergibt sich durch die digitalen Vernetzungsmöglichkeiten, sogenannte „Netzwerkeffekte" [18, 26], die ein Unternehmen anbietet. Einerseits sind es die technischen Kompatibilitäten und Vernetzungen, die die Kundschaft bei Anbietern wie Apple halten, weil ein Wechsel häufig ein gesamtes Softwaresystem betreffen würde [40]. Andererseits ist es die Community, die die Kundschaft an ein Unternehmen bindet – wie etwa bei Fitbit, das unter anderem eine „New Moms Community" aufgebaut hat, deren Mitglieder sich gegenseitig motivieren und an das Unternehmen binden [8]. Kurz gesagt: Mit „Netzwerkeffekt" wird das Phänomen bezeichnet, wonach sich mit zunehmender Anzahl an Akteuren – wie beispielsweise Kundinnen und Kunden –, der Nutzen eines Produkts oder Dienstleistung (über-)proportional steigert [26].

4.3.4 Digitale Entscheidungsthemen zur Ökonomischen Logik

Bei der Definition des Strategieelements „Ökonomische Logik" geht es um die Entscheidung, wie Gewinne erzielt werden können, welche die Kapitalkosten übersteigen. Typischerweise stehen dabei die zwei Mechanismen der tieferen Kosten oder höheren Preise zur Auswahl, die bereits von Michael Porters Qualitäts- oder Preispositionierung bekannt sind [30].

Durch die Digitalisierung können viele Leistungen ohne Kapazitätsgrenzen und damit ohne marginale Zusatzkosten multipliziert werden [39]. Dadurch werden digitale Leistungen teilweise kostenlos angeboten, um Zusatznutzen und Marktattraktivität zu erreichen – eine strategische Überlegung die unter dem Begriff „Value Capture" diskutiert wird [41].

Dienen die digitalen Leistungen zur Gewinnsteigerung, nutzen viele Unternehmen eher eine wertbasierte Preisberechnung – das sogenannte

Value Based Pricing – anstelle der traditionellen produktbasierten Preismodelle.

> **Praxisbeispiel: Value Based Pricing in der Industrie**
>
> Polytech liefert seiner Windanlagen-Kundschaft Zustandsdaten über ihre Anlagen mithilfe einer faseroptischen Messtechnik, wertet diese Daten auch gleich aus und schlägt Verbesserungen bei der Ausrichtung von Rotorenblättern, Belastungs- und Ersatzkalkulation von Anlagen, Schadensbehebung sowie Ab- und Wiederaufschalt-Zeitpunkten bei Vereisung vor [29]. Die ökonomische Verrechnungslogik orientiert sich an den Produktivitätsverbesserungen der Windanlangen-Betreiber. Sie zahlen einen Anteil ihrer Produktivitätsoptimierungen an Polytech.

Eine weitere bemerkenswerte Veränderung der Ökonomischen Logik durch die Digitalisierung ist die Verschiebung der Preisträger. Der Preis kann über digitale Informationen erhoben werden – etwa die tatsächliche Einsatzdauer geleaster Handwerksgeräte bei Hilti oder die verbesserte Fehlerrate von Produktionsrobotern von Kuka.

> **Praxisbeispiel: Preisträger im Kulturbereich**
>
> Ein unterhaltsames Beispiel für alternative Preisträger ist der Comedy-Club in Barcelona, in dem die Besucherinnen und Besucher pro Lachen zahlen [23]. Dafür sind in der Rücklehne der Person in der vorderen Reihe Bildschirme mit Kameras installiert, die jedes Lachen auf dem eigenen Sitz zählen und anzeigen. Pro Lachen werden einige Euro-Cent berechnet, die beim Ausgang abgerechnet werden. Es gibt einen Höchstpreis, über den Besuchende sich nicht „hinauslachen" können.

Weitere Veränderungen bei den Preisträgern sind die Gebührenverrechnungen, die Plattformen von ihren Handels- oder Werbepartnerinnen und -partnern einziehen und den Kundinnen und Kunden damit kostenfreie Leistungen zur Verfügung stellen wie etwa bei Amazon oder Facebook. Da diese Phänomene hinlänglich bekannt sind, werden sie hier nicht weiter thematisiert.

4.3.5 Digitale Entscheidungsthemen zur zeitlichen Sequenzierung

Im Strategieelement „Sequenzierung" geht es um die Definition von Schnelligkeit und die Sequenzierung der strategischen Entwicklung des Unternehmens. Angesichts zunehmender digitaler Leistungen des Unternehmens gilt es bei dem zeitlichen Strategieelement zu berücksichtigen, dass beispielsweise die Sammlung von Daten und eine aussagestarke Strukturanalyse dieser Daten häufig einen Vorlauf von zwei Jahren braucht, bevor etwa Predictive-Maintenance-Angebote oder Handlungsempfehlungen daraus abgeleitet werden können. Somit kann es sinnvoll sein, sequenzielle Teilangebote wie etwa eine monatliche Vergleichsanalyse in einem Unternehmen zu generieren, um die lange Zeit bis zum Endprodukt der Predictive Maintenance zu überbrücken.

4.4 Bewertung von Strategieoptionen

Ein Strategie-Prozess kann als eine Vielzahl von kleinen und größeren Entscheidungen angesehen werden, die in einem geplanten oder emergenten Rahmen gefällt werden [24, 25]. Einer Entscheidung geht ein bewusstes oder unbewusstes Bewerten einer oder mehrerer Optionen voraus. Die folgenden Ausführungen fokussieren auf eine rationale Vorgehensweise bei der Beurteilung von Strategieoptionen. Dazu werden die bei [45] vorgestellten Themenbereiche Eignung, Akzeptabilität und Machbarkeit vorgestellt. Diese drei Kriterien dienen der Orientierung beim systematischen Bewerten von Alternativen der strategischen Weiterentwicklung.

Unter Eignung wird verstanden, inwiefern eine Strategieoption spezifische Lösungen für „strategische Schlüsselfragen" enthält [45]. Diese Schlüsselfragen werden aus der SWOT (Abschn. 3.3) abgeleitet. Basierend auf den Erkenntnissen der Analyse-Phase (Kap. 3) ist eine Priorisierung nach Wichtigkeit notwendig [45]. Im Wesentlichen wird anhand des Kriteriums Eignung bewertet, ob eine Strategieoption dazu dient,

- Chancen im Marktumfeld zu nutzen,
- Gefahren aus den Entwicklungen außerhalb des Unternehmens zu minimieren,
- Stärken der Organisation zu multiplizieren,
- Schwächen innerhalb des Unternehmens zu beheben.

Mit „Akzeptabilität" ist hier gemeint, wie gut eine Strategieoption den Erwartungen verschiedener Interessensgruppen bezüglich Rentabilität und Risiko entspricht [45]. Für die Berechnungen der Rentabilität werden üblicherweise Projektrechnungen und Business-Pläne erstellt. Daraus lassen sich Kennzahlen berechnen wie Kapitalrenditen (z. B. Return on Capital Employed, Return on Invested Capital) und angenommene zukünftige Geldflüsse (z. B. Discounted Cashflow) [45]. Um ein Verständnis für Risiken einer bestimmten Strategievariante zu erlangen, sind beispielsweise sogenannte „Sensitivitätsanalysen" hilfreich. Dabei wird berechnet, welche Auswirkungen die Folge von Abweichungen bei den zentralen Annahmen eines Business-Plans wären [45].

Anhand des Kriteriums „Machbarkeit" wird hinterfragt, inwieweit notwendige personelle, materielle und finanzielle Ressourcen gegenwärtig vorhanden sind, um eine Strategieoption erfolgreich umzusetzen [45]. Bei fehlenden Ressourcen stellt sich die Frage, wie diese beschafft werden könnten. Für den Fall, dass die bestehenden Mitarbeitenden nicht über die benötigten Kompetenzen verfügen, liegen Maßnahmen der Personalentwicklung oder Rekrutierungen nahe. Im Rahmen der Abklärungen zu den finanziellen Voraussetzungen, um eine Strategieoption zu verfolgen, wird insbesondere geprüft, wie die Investitionen durch verschiedene Finanzierungsquellen getätigt werden könnten.

> **Ihr Transfer in die Praxis**
> - Beurteilen Sie anhand von mindestens drei Fakten, inwiefern die Digitalisierung zu Veränderungen bei der Mission und Vision Ihrer Organisation führt.
> - Nehmen Sie für Ihr Unternehmen eine Potenzialeinschätzung vor für die drei grundsätzlichen Strategischen Stoßrichtungen Digitalisierung zur Effizienzsteigerung, zur Produktführerschaft und zur Entwicklung neuer Angebots- und Marktstrukturen.

- Vertiefen Sie die drei Strategischen Stoßrichtungen, indem Sie eine Konkretisierung anhand der digitalen Entscheidungsthemen in den Arenen, der Methodik, der Differenzierungsfaktoren, der Ökonomischen Logik und der zeitlichen Dimension vornehmen.
- Bewerten Sie die drei Strategischen Stoßrichtungen in Bezug auf Eignung, Akzeptabilität und Machbarkeit.
- Überlegen Sie für die am besten bewertete Strategische Stoßrichtung, welche Faktoren für eine erfolgreiche Umsetzung entscheidend sein könnten.

Literatur

1. Ansoff, H. I. (1965). *Corporate strategy.* McGraw-Hill.
2. Bouncken, R. B., Gast, J., Kraus, S., & Bogers, M. (2015). Coopetition: A systematic review, synthesis, and future research directions. *Review of Managerial Science, 9*(3), 577–601.
3. Brandenburger, A., & Nalebuff, B. (1996). *Co-opetition.* Doubleday Publishing.
4. Brockhaus, C. P., Bischoff, T. S., Haverkamp, K., Proeger, T., & Thonipara, A. (2020). *Digitalisierung von kleinen und mittleren Unternehmen in Deutschland – Ein Forschungsüberblick. Göttinger Beiträge zur Handwerksforschung, No. 46.* Volkswirtschaftliches Institut für Mittelstand und Handwerk an der Universität Göttingen (ifh).
5. Chung, V., Dietz, M., Rab, I., & Townsend, Z. (September 2020). Ecosystem 2.0: Climbing the next level. *McKinsey Quarterly.* https://www.mckinsey.com/business-functions/mckinsey-digital/our-insights/ecosystem-2-point-0-climbing-to-the-next-level.
6. Dalzochio, J., Kunst, R., Pignaton, E., Binotto, A., Sanyal, S., Favilla, J., & Barbosa, J. (2020). Machine learning and reasoning for predictive maintenance in Industry 4.0: Current status and challenges. *Computers in Industry, 123*, 103298.
7. Davenport, T. H., & Spanyi, A. (23. April 2019). What Process Mining is, and why companies should do it. *Harvard Business Review.* https://hbr.org/2019/04/what-process-mining-is-and-why-companies-should-do-it.
8. Fitbit. (2021). Postpartum fitness guide for new moms. https://blog.fitbit.com/exercise-new-moms/.
9. Gurumurthy, R., Schatsky, D., & Camhi, J. (2020). Uncovering the connection between digital maturity and financial performance. *Deloitte*

Insights. https://www2.deloitte.com/us/en/insights/topics/digitaltransformation/digital-transformation-survey.html.
10. Hambrick, D. C., & Fredrickson, J. W. (2001). Are you sure you have a strategy? *Academy of Management Exekutive, 15*(4), 48–59.
11. Hess, A., & Polst, S. (2018). Mobilität und Digitalisierung: Vier Zukunftsszenarien. https://www.bertelsmann-stiftung.de/de/publikationen/publikation/did/mobilitaet-und-digitalisierung-vier-zukunftsszenarien.
12. Hugo Boss. (2021). Boss made to measure. https://www.hugoboss.com/ch/de/boss-herren-made-to-measure/.
13. Hungenberg, H. (2014). *Strategisches Management in Unternehmen* (8. Aufl.). Springer Gabler.
14. Jacobides, M. G. (2019). In the ecosystem economy, what's your strategy? *Harvard Business Review, 97*(5), 128–137.
15. Johnson, G., Whittington, R., Regnér, P., Angwin, D., & Scholes, K. (2020). *Exploring strategy*. Pearson.
16. Kanton Luzern. (2023). Vision zum Projekt Zukunft Mobilität im Kanton Luzern. https://mobilitaet.lu.ch/zumolu/Vision.
17. Kano, N., Seraku, N., Takahashi, F., & Tsuji, S. (1984). Attractive quality and must-be quality. *Hinshitsu, The Journal of the Japanese Society for Quality Control*, 39–48.
18. Katz, M. L., & Shapiro, C. (1986). Technology adoption in the presence of network externalities. *Journal of Political Economy, 94*(4), 822–841.
19. Kemper, H.-G., Baars, H., & Mehanna, W. (2010). *Business Intelligence – Grundlagen und praktische Anwendungen* (3. Aufl.). Vieweg+ Teubner.
20. Kilian, K., & Miklis, M. A. (2019). Die Evolution des Purpose. *Transfer*, 58–65.
21. Lanzer, F., Sauberschwarz, L., & Weiss, L. (2020). *Erfolgreich durch die Krise*. Springer.
22. Li, F. (2020). The digital transformation of business models in the creative industries: A holistic framework and emerging trends. *Technovation, 92*.
23. Logan, B. (14. Oktober 2014). Pay per laugh: The comedy club that charges punters having fun. *The Guardian.*.
24. Matzler, K., Stadler, C., Hautz, J., von den Eichen, F. & Anschober, M. (2022). *Open Strategy: Durch offene Strategiearbeit Disruption erfolgreich managen*. Franz Vahlen.
25. Mintzberg, H. (1978). Patterns in strategy formation. *Management Science, 24*(9), 934–948.

26. Müller-Stewens, G. & Stonig, J. (2019). Unternehmens-Ökosysteme und Plattformen: Auf dem Weg zu einem geteilten Verständnis. *Die Unternehmung, 73*(4), 374–380.
27. Pichel, K., & Müller, A. (2019). STRATEGILITY – agile Strategieprozesse für digitale Transformationen. In A. Uhl & S. Loretan (Hrsg.), *Digitalisierung in der Praxis* (S. 295–309). Springer.
28. Pichel, K., & Stadler, M. (2023). *Strategische Führungsgrössen in der Praxis*. Internes Working Paper (unveröffentlicht).
29. Polytech. (2021). Let's stop ice from stopping you. https://www.polytech.com/owners-and-operators/blade-monitoring-optimization/.
30. Porter, M. E. (1985). *Competitive advantage: Creating and sustaining superior performance*. Free Press.
31. Porter, M. E. (1996). What is strategy? *Harvard Business Review, 74*(6), 61–78.
32. Raynor, M. E., & Cotteleer, M. J. (2015). The more things change. *Deloitte Review, 17*, 50–65.
33. Saltosystems. (2021). Zutrittskontrolle für Einrichtungen des Gesundheitswesens. https://saltosystems.com/en/industries/healthcare-solution/.
34. SBB. (2016). Digitalisierung bei der SBB. http://www.sbb.ch/sbb-konzern/medien/dossier-medienschaffende/digitale-transformation.html.
35. Schmid, D. (2020). Die Herausforderung „digitaler Zwilling". *ZHAW Industrie 4.0*. https://blog.zhaw.ch/industrie4null/2020/04/07/die-herausforderung-digitaler-zwilling/.
36. Sengupta, J., Vinayak HV., Chung, V., Ng, E., Xiao, L., Kristy Koh, K., & Chen, C. (2019). The ecosystem playbook: Winning in a world of ecosystems. https://www.mckinsey.com/~/media/mckinsey/industries/financial%20services/our%20insights/winning%20in%20a%20world%20of%20ecosystems/winning-in-a-world-of-ecosystems-vf.pdf.
37. Siemens. (2021). Digitale services. https://new.siemens.com/de/de/produkte/gebaeudetechnik/digitalservices.html.
38. SRF. (30. März 2017). Industrie 4.0. https://www.srf.ch/play/tv/schweiz-aktuell/video/schweiz-aktuell-vom-30-03-2017?urn=urn:Srf:Video:E8515b61-9221-4e83-a4b7-7d85e9ed0cf0.
39. Stähler, P. (2002). *Geschäftsmodelle in der digitalen Ökonomie: Merkmale, Strategien und Auswirkungen* (2. Aufl.). Josef Eul.
40. Stratton, C. (2020). Platform politics: Software as strategy in Apple's platform ecosystem. *First Monday, 25*(2).

41. Teece, D. J., & Linden, G. (2017). Business models, value capture, and the digital enterprise. *Journal of Organization Design, 6*, 1–14.
42. UPC. (2021). Giga. https://www.upc.ch/de/internet/giga-speed/?CMP=sbr_1316137076&gclid=CjwKCAjwoZWHBhBgEiwAiMN66dHPl58GrrUV0XftNWrVBmvd0tfpUndnclz6xcpZjzz7778bkKsfoBoCqgUQAvD_BwE&gclsrc=aw.ds.
43. Weill, P., & Woerner, S. (2018). Surviving in an increasingly digital ecosystem. *MIT Sloan Management Review, 59*(2), 26–28.
44. Werani, T., Schauberger, A., Martinek-Kuchinka, P., & Freiseisen, B. (2017). Wertdisziplinen und digitale Transformation von Geschäftsmodellen. In D. Schallmo et al. (Hrsg.), *Digitale Transformation von Geschäftsmodellen* (S. 237–263). Springer.
45. Whittington, R., Regnér, P., Angwin, D., Johnson, G., & Scholes, K. (2021). *Strategisches Management* (12. Aufl.). Pearson.
46. Yokoi, T., Shan, J., Wade, M., & Macaulay, J. (2019). Digital Vortex 2019. https://www.imd.org/research-knowledge/reports/digitalvortex2019/.
47. Zillmann, M. (2020). *Digital Efficiency – Digitale Technologie als Instrument für Effizienzsteigerungen und Kostensenkungen*. Lünedonk & Hossenfelder.

5

Umsetzung

> **Was Sie aus diesem Kapitel mitnehmen**
>
> - Ob Strategien zum erhofften Erfolg führen, hängt wesentlich von der Planung und von der Führung der Umsetzung ab.
> - Um Strategien erfolgreich umzusetzen, bedarf es eines expliziten Bewusstseins und spezifischer Aufmerksamkeit des Top-Managements.
> - Zur Umsetzungsplanung zählen die Konkretisierung der Strategie in Einzelziele, die Anpassung der Aufbau- und Ablauforganisation sowie die adressatengerechte Kommunikation der Strategie.
> - Im Verlauf der Umsetzung ist wichtig, dass Führungspersonen eine Vorbildfunktion übernehmen, ein regelmäßiger Ist-Soll-Abgleich zu den einzelnen strategischen Maßnahmen und ihrer Wirkung vorgenommen wird und daraus ein strategisches Verständnis des Agierens statt Reagierens entsteht.
> - Die Auseinandersetzung mit strategischen Fragen endet somit nicht mit dem Abschluss einer bestimmten Maßnahme; vielmehr zählen Überlegungen zu strategischen Erfolgen und Weiterentwicklungen zu den Kernaufgaben der obersten Führungsebene in einer Organisation.

Die Phase der Strategieumsetzung ist insofern von besonderer Bedeutung, als dass sich in diesem Abschnitt eines Strategie-Prozesses zeigt, ob die erarbeitete Strategie zum erwünschten Erfolg führt. Studien belegen, dass viele Strategien in der Umsetzung scheitern [5]. Häufig liegt dies an dem mangelnden Bewusstsein und der fehlenden Aufmerksamkeit des Top-Managements für die Implementierung von Strategien [13]. [6] identifizieren in einer umfangreichen Literaturanalyse 65 Hindernisse im Kontext der erfolgreichen Umsetzung von Strategien. Als Ursachen für die mangelhafte Umsetzung sind beispielsweise folgende Punkte in Untersuchungen eruiert worden: mangelhafte Strategieformulierung, fehlende Ressourcen und Fähigkeiten für die Realisierung der Strategie, unerwartete Veränderungen im Marktumfeld, Defizite in der Führung, in der Kommunikation, in der zeitlichen Planung, in der Beteiligung von Mitarbeitenden und in der Kontrolle des Implementierungsfortschritts [13].

Um die Erfolgswahrscheinlichkeit positiv zu beeinflussen, wurden diverse Konzepte vorgestellt und Handlungsempfehlungen abgegeben. Große Bekanntheit hat der Ansatz der „Strategy-Focused Organization" und insbesondere die darin enthaltene Balanced Scorecard erhalten [14, 16, 34]. Fünf Themenfelder werden von [14] beschrieben: Change Management durch Leadership, Konkretisierung der Strategie in operative Sprache, Angleichung der Organisation an die Strategie, Kommunikation der Strategie und Strategiearbeit als kontinuierlicher Prozess.

Die folgenden Ausführungen bauen auf diesen Überlegungen auf. Jedoch werden weitere Aspekte aufgegriffen und in einer neuen Form gegliedert, indem inhaltlich die Thematik der Digitalisierung berücksichtigt und eine zeitliche Strukturierung vorgeschlagen wird. Digitale Hilfsmittel in der Umsetzungsphase sind insbesondere die weitverbreiteten Textverarbeitung-, Präsentations- und Kalkulationsprogramme. Zudem sind diverse, spezifisch auf Themen des Strategischen Managements ausgerichtete Software-Lösungen erhältlich (für eine Auswahl siehe z. B. [7, 8, 10]).

In Abschn. 5.1 wird zunächst auf die sorgfältige und durchdachte Planung der Strategieumsetzung eingegangen, indem die drei zentralen Themen Konkretisierung der Strategie, Anpassung der Organisation und Kommunikation der Strategie beschrieben werden. Danach werden für die eigentliche Umsetzungsphase in Abschn. 5.2 die drei Schwer-

Abb. 5.1 Überblick Kap. 5 (Umsetzung)

punkte Führung des Wandels, Controlling und strategisches Lernen erläutert. Abb. 5.1 zeigt einen Überblick zu den Kernthemen in Kap. 5.

5.1 Umsetzungsplanung

5.1.1 Konkretisierung der Strategie durch Definieren von strategischen Zielen

Die Qualität einer ausformulierten Strategie hängt maßgeblich davon ab, wie gut sich diese in eine Anzahl an messbaren strategischen Zielen konkretisieren lässt. Die Herausforderung besteht darin, aus den typischerweise abstrakt gehaltenen strategischen Überlegungen eine Aufteilung in einzelne Einheiten wie auch eine Detaillierung vorzunehmen. Bildlich gesprochen geht es darum, die Einzelteile des „Strategie-Puzzles" zu beschreiben. Dabei trägt jedes Puzzle-Teil in irgendeiner Form zum Gesamtbild bei. Nachfolgend werden zwei Ansätze zur Konkretisierung strategischer Ziele beschrieben.

Balanced Scorecard

Dieser Gedanke liegt dem im Jahre 1992 vorgestellten Balanced-Scorecard-Ansatz (sinngemäß übersetzt: ‚ausgewogenes Zielsystem') von Robert Kaplan und David Norton zugrunde. Dazu schlagen [14] eine sogenannte „Strategy Map" vor, in der strategische Ziele in die vier Bereiche („Perspektiven") Mitarbeitende, Prozesse, Kundschaft und Finanzen gegliedert werden. Die einzelnen Ziele stehen dabei in einem Ursache-Wirkungs-Verhältnis zueinander (vgl. Bsp. unten). Für jedes strategische Ziel wird festgelegt, wie die Erreichung gemessen wird, bei welchem Wert das Ziel erfüllt ist und welche Maßnahmen nötig sind, um die Zielsetzung zu unterstützen [16]. In einer Weiterentwicklung der Balanced Scorecard zeigen [15] auf, wie zusätzlich zu Finanzzielen ökologische und soziale Werte verankert werden können. Zusammenfassend lässt sich festhalten, dass die Balanced Scorecard ein geeignetes Managementinstrument ist, um eine Strategie zu konkretisieren, zu visualisieren und für das Controlling des Umsetzungsfortschritts einzusetzen (Abschn. 5.2.2).

Praxisbeispiel: Strategy Map in der Baunebenbranche

Ein Hersteller von Schutzauffanggittern verfolgt eine Produktentwicklungsstrategie. Es sollen Sensoren an den Drahtgittern angebracht werden, die gegen Lawinen oder Steinschlag schützen. Dadurch können Landeigentümerinnen und -eigentümer zeitnah informiert werden, wenn ein Ereignis eingetreten ist. Diese können dann einerseits unmittelbare Schutzmaßnahmen vornehmen, andererseits die betroffenen Schutzgitter gut lokalisieren, untersuchen und gegebenenfalls reparieren lassen. Die Herstellerfirma möchte damit ein neues Geschäftsmodell aufbauen, in dem unterschiedliche Lösungspakete für Landeigentümerinnen und -eigentümer angeboten werden, von der zeitnahen Information bis zu Maßnahmenvorschlägen und Reparatur. Um diese Umsätze erzielen zu können, muss das Kundenbedürfnis der zeitnahen Handlungsfähigkeit befriedigt werden. Um dieses Kundenbedürfnis zu befriedigen, müssen in der Firma die Prozesse der Datenerfassung, -sammlung, -aggregation und -auswertung aufgebaut werden. Um diese Prozesse aufzubauen, muss die Firma IOT-Kompetenz aufbauen. Diese Wirkungsketten sind in der Abb. 5.2 in einer Strategy Map dargestellt.

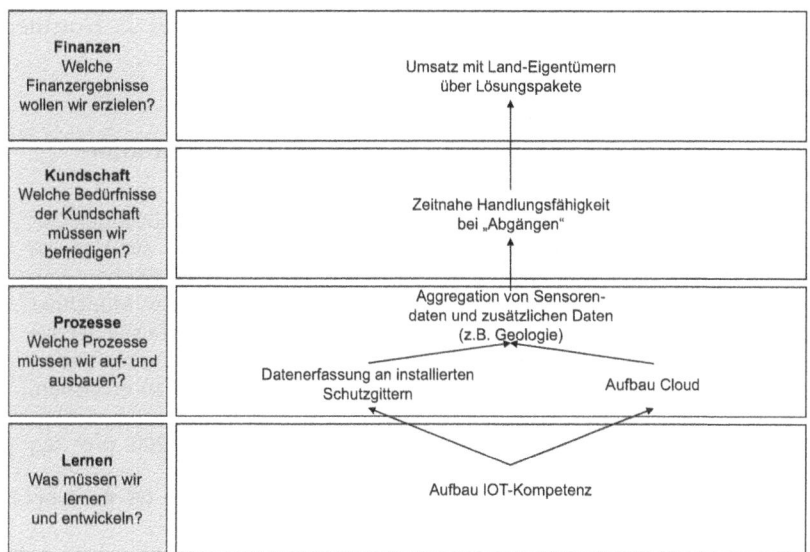

Abb. 5.2 Auszug aus einer Strategy Map eines Herstellers von Schutzauffanggittern

Objectives and Key Results

In den vergangenen Jahren hat unter der Bezeichnung „Objectives and Key Results" ein teilweise ähnliches Konzept wie die Balanced Scorecard Aufmerksamkeit erhalten. Die Ursprünge liegen in den 1970er-Jahren [30]. Ein Grund für die zunehmende Bekanntheit des Objectives-and-Key-Results-Ansatzes liegt darin, dass diese Methodik von Technologieunternehmen wie Amazon und Google eingesetzt wird [30]. Im Sinne einer agilen Unternehmensentwicklung geht es nicht darum, etwas „Großes" zu konzipieren und in seiner Umsetzung zu messen, sondern etwas „Kleineres" schnell zu echtem Nutzen zu bringen – oder zumindest zu testen. Dadurch liegt auch der Fokus der Ziele und Kennzahlen auf vergleichsweise kleinen Teilaktivitäten. Bei den Zielen (Objectives) werden niederschwellig Outcome-Quartalsziele geplant, die eine nachweisbare Wirkung für das übergeordnete Jahresziel haben. Damit handelt es sich bei den Objectives im Prinzip um strategische Maßnahmen. Bei den Key Results werden die Erfolgstreiber für dieses

Ziel beschrieben und gemessen. Das Praxisbeispiel eines E-Trottinet-Anbieters veranschaulicht die entsprechenden Größen.

> **Praxisbeispiel: Objective and Key Results bei einem E-Scooter-Anbieter [23]**
>
> Das Berliner Startup-Unternehmen Emmy bietet Städten Lösungen für das Teilen von Elektrorollern an. Knallrote Elektroroller werden an öffentlichen Plätzen wie U-Bahn-Stationen parkiert und können von der Bevölkerung ausgeliehen werden. Zur Entwicklung des Münchner Marktgebietes hat Emmy unter anderem folgendes Quartals-Objective formuliert: „User können an allen Münchner U-Bahn-Stationen jederzeit einen Roller nutzen". Als Erfolgstreiber, um dieses Ziel zu erreichen, wurden folgende Key Results formuliert:
> - Zahl der einsatzbereiten Roller auf durchschnittlich 1200 pro Tag steigern
> - Vorhersagewahrscheinlichkeit der Bewegungsprofile um 25 Prozentpunkte verbessern
> - Reichweite der Roller um 7 km pro Akkuladung steigern
>
> Während also in der Balanced Scorecard die Kennzahlen vor allem die Zielerreichung messen, beschreiben die Key Results den Sollzustand von Teilschritten zur Erreichung des Ziels. Auch wenn die OKRs nicht direkt mit der Digitalisierung zusammenhängen, so haben sie doch durch Digitalisierung und Agilisierung einen Aufschwung erlebt, der bemerkenswert ist. Ihre zunehmende Verbreitung und Beliebtheit ist der Grund, sie an dieser Stelle für die Strategieumsetzung zu erwähnen (siehe Vorlage in Kap. 7).

5.1.2 Anpassungen der Auf- und Ablauforganisation

Alfred Chandler gilt als einer der einflussreichsten Begründer des Strategischen Managements [13, 22]. Von ihm stammt das bekannte Zitat: „structure follows strategy" [13]. Mit anderen Worten: Eine ausformulierte Strategie bildet die Grundlage für die Gestaltung der Organisation. Empirische Studien haben diese These in dieser Eindeutigkeit nicht bestätigen können; dennoch wird auf die „Stimmigkeit von Strategie und Struktur" hingewiesen [32]. Daraus lässt sich folgende Schlüsselfrage im Rahmen der Strategieumsetzung ableiten:

Wie soll die Auf- und Ablauforganisation ausgestaltet sein, damit diese optimal mit der anvisierten Strategie übereinstimmt? Schon vermeintlich kleine Änderungen in der Strategie können zu subjektiv als groß empfundenen Umgestaltungen in der Aufbau- und Ablauforganisation führen. Werden Strategien in großem Maße verändert, führt dies meist zu substanziellen Anpassungen bei der Organisationsstruktur und den Prozessen. Unter Berücksichtigung der Bedeutung von Prozessen kann die Maxime von Chandler, wonach die Strategie Basis für die Struktur sei, erweitert werden in „structure follows process follows strategy" [25].

Ablauforganisation
Üblicherweise führen neue Strategien zu Veränderungen der bestehenden Prozesse, die direkt mit der Produkt- und Leistungserstellung in Bezug stehen, wie auch bei weiteren Prozessen, die für das Funktionieren einer Organisation von Bedeutung sind. Vereinfacht gesagt ist eine Organisation die Summe einer Abfolge von einer Vielzahl an einzelnen Tätigkeiten, die durch Mitarbeitende oder Automatismen verrichtet werden. In vielen Unternehmen lässt sich beobachten, dass dieses Zusammenspiel verschiedenster Aufgaben zunehmend komplexer wird und eine Entwicklung zu größerer Arbeitsteilung und Spezialisierung stattfindet [27, 31].

Für Managerinnen und Manager stellt sich die Frage, welche Hilfsmittel sich als systematische und strukturierende Arbeits- und Entscheidungsgrundlagen eignen, um ein Verständnis für die Prozesse im Unternehmen zu erhalten. In Abschn. 3.2.2 wurde die Unterteilung in die drei Kategorien Geschäfts-, Management- und Unterstützungsprozesse vorgestellt. Auf dieser Basis lassen sich weitere Prozessebenen betrachten wie beispielsweise Hauptprozesse und Teilprozesse [31]. In allen drei Bereichen weisen digitale Technologien das Potenzial für neue, effektivere und effizientere Prozess auf [11]. Die Nutzung digitaler Möglichkeiten bedingt grundsätzlich eine entsprechende Infrastruktur, die aus Hardware (Geräte wie Desktop-Computer, Laptop, Tablet und Smartphone), Software (Programme beispielsweise für Textverarbeitung, Präsentationen, Kalkulationen und technische Konstruktionen) und Benutzerschnittstellen (zum Beispiel Bildschirme, Sensoren und

Spracherkennung) besteht, sowie den Zugang zum Internet, um Potenziale durch die digitale Konnektivität zu nutzen [12, 20].

Im Zuge neuer Strategien empfiehlt sich bei der Umsetzungsplanung ein sorgfältiges Durchdenken möglicher Veränderungen bei Geschäfts-, Management- und Unterstützungsprozessen. Sowohl für die Etablierung neuer als auch für die Modifikation bestehender Prozesse ist die Orientierung an den vier „Grundschritten" Definieren (Ziele, Aufgaben und Umfang), Strukturieren (Teilschritte, Reihenfolge, Verbindungen und Verantwortlichkeiten), Realisieren (Durchführung, Controlling) und Optimieren (Soll-Ist-Vergleiche, Benchmarking) nützlich [31]. Hierzu ist es sinnvoll, Prozesse in einem interdisziplinären Projektteam zu gestalten, um so frühzeitig ein Verständnis für Abhängigkeiten, Anforderungen und kritische Stellen zu erhalten. Als Visualisierungshilfe eigenen sich beispielsweise sogenannte „Prozesslandkarten" [27].

Aufbauorganisation
Um Potenziale der Digitalisierung zu nutzen, stehen Organisationen mehrere Optionen offen, wie die Aufbauorganisation angepasst wird. Insbesondere in größeren Unternehmen ist die gleichzeitige Kombination verschiedener Ansätze verbreitet. Eine erste Form besteht darin, „digitale" Ideen in einer zeitlich begrenzten und heterogen zusammengesetzten Projektgruppe zu entwickeln. Manchmal werden diese Bestrebungen als Experimente bezeichnet [11]. Ein zweiter Ansatz ist, Personal für „digitale" Angelegenheiten in bestehenden Teams aufzubauen. Eine dritte Lösung umfasst den Aufbau neuer Abteilungen mit einem „digitalen" Auftrag [11]. Einen sehr ähnlichen Zweck erfüllt die vierte Logik, die den Zukauf eines digitalen Startups oder auch einer etablierteren Firma beinhaltet. Eine fünfte Möglichkeit ist die Beteiligung an einem Unternehmen mit digitalem Fokus.

Je nachdem, welche Ansätze verfolgt werden, ergeben sich in der Aufbauorganisation kleinere oder größere Veränderungen bei den Organigrammen, den Aufgaben, Verantwortlichkeiten und Kompetenzen. Es werden nicht nur neue Funktionen und Organisationseinheiten geschaffen, die spezifische Verantwortung für Tätigkeiten im Kontext von digitalen Themen erhalten. Auch bei bestehenden Teams kommt es vielfach zu veränderten personellen Zusammensetzungen, manche Mitarbeitende erhalten andere Führungspersonen und es kommt zu einer Neuaufteilung der Aufgaben.

Wie erwähnt, versuchen viele Unternehmen, mit neuen Digital-Abteilungen oder anderen Bezeichnungen für Organisationseinheiten wie „Departemente" oder „Divisionen" die Bedeutung der Digitalisierung in der Aufbauorganisation zu verankern [9]. Vielfach werden diese Teams von einer Führungsperson mit Bezeichnungen wie beispielsweise „Chief Digital Officer" oder „Head of Digital" geführt [17]. Falls eine neue Topposition für Digitales geschaffen werden soll, empfiehlt sich die Klärung des Aufgabenspektrums und der Zuständigkeit (Gesamtorganisation versus spezifische Produkte und Leistungen) sowie die Abgrenzung zu anderen Chefstellen, insbesondere gegenüber den Funktionen „Chief Information Officer", „Chief Technology Officer" oder „Chief Data Officer" [9, 17].

5.1.3 Kommunikation der Strategie

Im Zeitalter der „Offenheit" [28] nimmt Transparenz und damit auch Kommunikation eine noch stärkere Rolle ein im Management von Organisationen. Aspekte der Kommunikation sind nicht zu unterschätzende Themen in Strategie-Prozessen. Wird die Kommunikation vernachlässigt, kann dies dazu führen, dass Mitarbeitende eine eigene Interpretation der Strategie vornehmen [34]. Dies birgt die Gefahr, dass Mitarbeitende bestehende Verhaltensweisen beibehalten und nicht im Sinne der neuen Strategie handeln [34]. Damit Mitarbeitende im Sinne einer Strategie handeln, bedarf es einer durchdachten Kommunikation. Das zentrale Ziel der Kommunikation ist, dass die Strategie von den Mitarbeitenden verstanden wird. Dazu ist es wichtig, auch Entscheidungen gegenüber den Mitarbeitenden zu erklären und zu begründen [18].

In der Umsetzungsphase stellen sich folgende vier Schlüsselfragen zur Kommunikation der Strategie:

1. Mit welchen Interessensgruppen innerhalb und außerhalb der Organisation soll kommuniziert werden?
2. Welche Inhalte der Strategie sollen den verschiedenen Interessensgruppen transparent gemacht werden?
3. Welche kommunikativen Mittel sollen eingesetzt werden?
4. Wer verantwortet die adressatengerechte Kommunikation?

Interessensgruppen identifizieren
Unternehmen stehen in mehr oder weniger intensivem Kontakt zu unterschiedlichsten Interessensgruppen [27, 34]. Innerhalb der Organisation sind dies grundsätzlich alle Mitarbeitenden. Je nach Größe des Unternehmens und Ausgestaltung der hierarchischen Aufbauorganisation ist die Unterscheidung in mehrere Gruppen wie beispielsweise Top-Management, Mittleres Management, Unteres Kader und Mitarbeitende sinnvoll. Auch außerhalb einer Organisation finden sich diverse Gruppierungen mit spezifischen Ansprüchen an ein Unternehmen. Hierzu zählen zum Beispiel Kundinnen und Kunden, Zulieferfirmen, Konkurrenzunternehmen, investierende Personen und Institutionen, Aufsichtsbehörden, Steuerbehörden, Medien und Interessensgemeinschaften [27, 34].

Inhalte pro spezifische Interessensgruppe festlegen
Ausgehend davon, dass alle Interessensgruppen eine Erwartungshaltung an ein Mindestmaß an Informationen zur Strategie haben, empfiehlt sich die Anpassung der Kommunikationsinhalte an die entsprechende Gruppe. Es ist nicht zweckmäßig, allen alle Details zur Strategie transparent zu machen. Vielmehr ist darauf zu achten, dass die Strategie konsistent kommuniziert wird [26].

Kommunikationsmittel bestimmen
Die Digitalisierung ist nicht nur ein inhaltlicher Aspekt einer Strategie, sondern auch Basis für verschiedene Formen der Kommunikation. Hierzu bietet sich eine Reihe von Möglichkeiten an, digitale Kommunikationstechnologien nutzenstiftend einzusetzen. Zu den

unpersönlichen, auf die Masse ausgerichteten Kommunikationsmitteln zählen unter anderem Emails, Webseiten im Intranet und Webseiten im Internet. Zu den digitalen, Interaktionen ermöglichenden Plattformen, Netzwerken und Medien zählen beispielsweise Facebook, Youtube, LinkedIn, Twitter, Instagram, Tiktok, WhatsApp, Telegram, Signal, Pinterest und Snapchat.

Verantwortlichkeiten für Kommunikation klären
In größeren Unternehmen ist es die Aufgabe von professionellen Kommunikationsabteilungen, Inhalte zur Strategie adressatengerecht zu kommunizieren. In Organisationen mit kleineren Strukturen liegt die Verantwortung dazu vielfach bei der Geschäftsführung. Bei fehlenden internen Kompetenzen im Bereich der digitalen Kommunikation kann kurzfristig eine Vergabe dieser Tätigkeiten an externe Fachpersonen sinnvoll sein. Mittelfristig hingegen ist der Aufbau des Wissens zu digitalen Kommunikationsformen innerhalb einer Organisation von großer Bedeutung.

5.2 Umsetzungsmanagement

5.2.1 Führung des Wandels durch Top-Management, Mittleres und Unteres Kader

Ob eine Strategie erfolgreich umgesetzt wird, hängt maßgeblich vom Führungsverhalten auf den unterschiedlichen Hierarchiestufen ab [13, 29]. Unter „Führung" wird die Beeinflussung und Ermöglichung der Bestrebungen von Einzelpersonen und Gruppen verstanden, um ein Ziel zu erreichen [34, 36]. Neue Strategien sind oftmals mit Veränderungen verknüpft. Deshalb ist es für Führungspersonen im Top-Management, im Mittleren Management und für das Untere Kader wichtig, nicht nur die Strategie zu kennen und zu verstehen, sondern auch über ein solides Verständnis zum Wandel in Organisationen zu verfügen [34].

Führungsrollen
Im Rahmen der Umsetzung von Strategien nehmen Führungskräfte mehrere wichtige Rollen ein. Eine davon ist die Vorbildfunktion gegen innen und außen [34]. Damit ist gemeint, dass Managerinnen und Manager aller Hierarchiestufen gegenüber ihren unterstellten Mitarbeitenden ein die neue Strategie unterstützendes Verhalten zeigen sollten. Vorbildliches Handeln wirkt sich positiv auf die bei Mitarbeitenden wahrgenommene Glaubwürdigkeit aus. Im Kontext der Digitalisierung zählen dazu das Interesse an neuen technologischen Entwicklungen und eine offene, neugierige Haltung gegenüber Veränderungen und Chancen, die sich durch digitale Technologien ergeben. Studien zeigen, dass Führungspersonen mit einem sogenannten „Digital Mindset" die Motivation von Mitarbeitenden positiv beeinflussen können [24]. Am Beispiel ChatGPT wird veranschaulicht, was unter einem Digital Mindset verstanden wird.

> **Praxisbeispiel: Führungsrolle und Digital Mindset**
>
> Im November 2022 wurde ChatGPT einem breiten Publikum zugänglich gemacht [1]. Innerhalb weniger Wochen ist ChatGPT zu einem der Top-Themen in Organisationen und in der Öffentlichkeit avanciert. ChatGPT ist ein sogenannter „Chatbot", ein textbasiertes Dialogformat des US-amerikanischen Unternehmens OpenAI [21]. Auf einer Webseite können über eine Eingabemaske Fragen oder Aufforderungen eingegeben werden. Basierend auf Künstlicher Intelligenz werden automatisierte Antworten und Informationen generiert. Beispielsweise lassen sich so ein Text für eine Hochzeitsrede, eine studentische Arbeit oder einen Vertrag generieren sowie Bilder gestalten und Software-Codes auf Fehler überprüfen [1, 21].
>
> Ist ChatGPT nur ein Hype oder gar die nächste große technologische Revolution, die Einfluss auf alle Branchen haben wird? Wichtiger als eine eindeutige Antwort auf diese Frage ist es für Führungspersonen, Entwicklungen digitaler Technologien wie ChatGPT zu erkennen, ein Basisverständnis zu entwickeln und eine Chancen- und Gefahren-Einschätzung für das eigene Unternehmen vorzunehmen.
>
> Mit „Digital Mindset" ist hier gemeint, sich zunächst regelmäßig Zugang zu Neuigkeiten über technologische Trends zu verschaffen, sei dies über klassische und soziale Medien oder über persönliche Kontakte. Ein Digital Mindset zeichnet sich dadurch aus, dass die Bewertung des Potenzials sowie der Risiken einer digitalen Technologie mit einer offenen Grundhaltung vorgenommen wird. Offenheit meint hier weder kritiklose

> Adaption neuer digitaler Möglichkeiten noch hektischen Aktionismus. Eine Führungskraft mit Digital Mindset wird im Kontext von ChatGPT von dieser Anwendung Künstlicher Intelligenz Kenntnis genommen haben, selber oder mit anderen auf der Website konkrete Nutzungssituationen austesten und sich damit beschäftigen, inwieweit die Geschäftstätigkeit durch diese neue Technologie betroffen sein könnte.

Eine weitere Führungsrolle umfasst die „Sinngebung" der Strategie für sich selbst und die unterstellten Mitarbeitenden sowie der damit einhergehenden Veränderungen [34]. Hierzu zählt das „Übersetzen" der Strategie in die spezifischen Tätigkeiten einzelner Teams, damit eine Strategie für Mitarbeitende „Sinn macht". Mit anderen Worten geht es darum, eine Verbindung herzustellen zwischen der übergreifenden Strategie und konkreten Aufgaben auf operativer Ebene. Insbesondere Führungspersonen im mittleren Management nehmen hier eine entscheidende Rolle ein [35]. Denn diese Führungsebene ist an der Schnittstelle zwischen der übergeordneten Ausrichtung einer Organisation und dem Tagesgeschäft.

Allgemein gesprochen sind Führungskräfte aller Hierarchiestufen „Botschafterinnen und Botschafter" der Strategie. Dieser Gedanke findet sich auch im Open-Strategy-Ansatz (Abschn. 2.4.3). Durch die Einbeziehung von Mitarbeitenden unterschiedlicher Ebenen und ein gewisses Maß an Transparenz in Bezug auf strategisch relevante Informationen sollen Führungspersonen darin gestärkt werden, gegenüber ihren unterstellten Mitarbeitenden die Sinnhaftigkeit der Strategie mitzutragen. Beispielsweise ermöglichen digitale Lösungen die Durchführung von moderierten, virtuellen und interaktiven Veranstaltungen (auch als „Strategy Jam" bezeichnet), womit bei Mitarbeitenden das Verständnis für die Strategie des Unternehmens gefördert wird [19].

Change-Management-Prinzipien
[29] identifizieren aus den bekanntesten präskriptiven Change-Modellen der Management-Literatur zehn „Change-Management-Prinzipien", die durch wissenschaftliche Studien erhärtet wurden. Nachfolgend werden diese zehn Prinzipien von [29] erläutert.

1. Zu Beginn empfiehlt sich das Zusammentragen von Fakten, die zur Begründung des Wandels dienen. Hierzu können Daten aus der Analysephase (Kap. 3) herbeigezogen werden, um die Notwendigkeit der Veränderung zu unterstreichen.
2. Um ein fundiertes Verständnis der vorhandenen Rahmenbedingungen innerhalb des Unternehmens zu erlangen, macht es Sinn, Informationen zu sammeln, die eine Einschätzung zur „Wandel-Bereitschaft" ermöglichen. Gute Anknüpfungspunkte dazu sind Erfahrungen und Evaluationen vergangener kleinerer oder größerer Veränderungsprojekte.
3. Ein weiteres Thema umfasst die Initiierung von Maßnahmen zur Unterstützung der Change-Bereitschaft bei den Mitarbeitenden. Motivierende und gut auf die strategischen Ziele abgestimmte Anreizsysteme bezwecken, dass Mitarbeitende Anerkennung erhalten für ihre Tätigkeiten im Sinne der Strategie.
4. Führungspersonen aller Hierarchiestufen nehmen eine wichtige Rolle ein im Kontext von Veränderungsprozessen (siehe Abschnitt „Führungsrollen"). Schulungen für Kader sind ein geeignetes Instrument, um das Verständnis und das Verhalten im Rahmen von Change zu entwickeln und zu stärken.
5. Die Formulierung und Kommunikation der Vision dient dazu, dass der Wandel für Mitarbeitende nachvollziehbar wird (Abschn. 5.1.3). Wichtig ist nicht nur die konsistente Kommunikation über verschiedene Kanäle, sondern auch stete Updates zu erreichten Etappenzielen.
6. Nicht nur formelle Strukturen wie die Aufbauorganisation haben Einfluss auf Changeprozesse. Auch Einzelpersonen und Gruppierungen außerhalb der expliziten Hierarchie sollten beachtet werden.
7. Für mehrere Ansätze konnten positive Effekte auf den Wandel aufgezeigt werden. Dazu zählen die Formulierung von Zielen auf unterschiedlichen Hierarchieebenen, Schulungen zu neuen Kompetenzen, der Einbezug von Mitarbeitenden in der Umsetzung, das Einstehen für Fairness im Umgang mit Mitarbeitenden, der Einsatz von Task Forces sowie das Ermöglichen von Pilot-Settings.

8. Rückmeldungen aus der operativen Stufe, beispielsweise im Rahmen von Experimenten, sind nützlich, um spezifische Anpassungen vorzunehmen. Dies birgt das Potenzial, Verbesserungen für die gesamte Organisation zu erkennen und vorzunehmen.
9. Das regelmäßige Überprüfen des Fortschritts dient nicht nur dazu, Abweichungen zum anvisierten Plan zu erkennen, sondern auch, gezielt Erkenntnisse aus den Erfahrungen zu gewinnen. Zur Beurteilung eignen sich zum Beispiel die Einstellung der Mitarbeitenden zum Wandel und die für den Wandel notwendigen Kompetenzen.
10. Unternehmen werden durch diverse externe Faktoren wie beispielsweise technologische Entwicklungen, sich verändernde Wettbewerbslandschaften und Globalisierung beeinflusst. Insofern ist die Etablierung einer Kultur der Offenheit gegenüber Veränderungen eine wichtige Grundlage für die erfolgreiche Weiterentwicklung eines Unternehmens.

5.2.2 Controlling der Umsetzung, Überprüfung der Stimmigkeit und Verfolgen der Marktentwicklungen

Kontrolltätigkeiten zählen zu den Kernaufgaben des Managements [13]. Somit ist es nicht erstaunlich, dass diverse präskriptive Strategie-Prozess-Modelle eine explizite Phase der Kontrolle beinhalten (z. B. [32, 33]. Drei Formen des strategischen Controllings können unterschieden werden. Die Aufarbeitung der Ergebnisse und Erkenntnisse der Kontrollen erfolgt jeweils in Dokumenten, die oftmals als Reporting bezeichnet werden.

Das Controlling des Umsetzungsfortschritts dient dem Rückblick und einer Beurteilung des aktuellen Zustands im Vergleich zum anvisierten Ziel [32]; oftmals wird von einem Ist-Soll-Vergleich gesprochen [13]. Gegenstand der Kontrolle sind insbesondere die einzelnen Maßnahmen zur Strategieumsetzung, wie in Abschn. 5.2.2

beschrieben. Auf dieser Basis bietet sich der Führung die Möglichkeit, Einfluss auf zukünftige Entwicklungsschritte zu nehmen und so frühzeitig auf negative Tendenzen zu reagieren [32]. Im Weiteren bilden die Ergebnisse aus dem Controlling in vielen Unternehmen die Grundlage für Bonussysteme [22].

Von der Umsetzungskontrolle zu unterscheiden sind Überprüfungen der anderen Phasen in einem Strategie-Prozess. Bei der sogenannten „Konsistenzkontrolle" wird evaluiert, ob die formulierte Strategie mit den Umsetzungsmaßnahmen übereinstimmt [13]. Zeigt sich beispielsweise, dass ein geplantes Projekt nicht den gewünschten Effekt erzielt, kann das Top-Management frühzeitig reagieren und Anpassungen vornehmen.

Die Prämissenkontrolle enthält demgegenüber das kritische Reflektieren der Analysen, der davon abgeleiteten Schlussfolgerungen und der darauf aufbauenden Strategie [13]. Gerade im gegenwärtigen dynamischen und durch Beschleunigung geprägten Marktumfeld ist es sinnvoll, Entwicklungen zeitnah zu erkennen und deren möglichen Einfluss auf die eigene Geschäftstätigkeit zu hinterfragen. Die Digitalisierung ist dabei ein wesentlicher Treiber, sei es durch technologische Weiterentwicklungen und Innovationen, neue Ausgestaltungen der Wertschöpfungsketten, neue Wettbewerbsverhältnisse oder ein verändertes Nutzungsverhalten der Kundinnen und Kunden (Abschn. 3.1).

Für alle drei Formen des strategischen Controllings ist entscheidend, dass die Zuständigkeiten für die Erstellung der Reportings geklärt sind. In größeren Unternehmen fallen diese Aufgaben typischerweise in den Aufgabenbereich von Personen aus Stabstellen mit Bezeichnungen wie „Strategische Planung" oder „Organisationsentwicklung". In mittelgroßen und kleineren Unternehmen empfiehlt sich, die Verantwortlichkeiten auf der obersten Führungsebene zu verankern. Das Delegieren dieser bedeutsamen Tätigkeiten an die Finanzabteilung birgt die Gefahr, dass zum einen die finanziellen Kennzahlen überbewertet werden und zum anderen benötigte Marktkompetenzen fehlen, um Chancen wie auch Gefahren zu erkennen und einzuschätzen.

Im Weiteren ist es sinnvoll, an Sitzungen des obersten operativen Führungsgremiums den Status des strategischen Controllings regelmäßig zu traktandieren, zu besprechen und gegebenenfalls

Aktionen zu vereinbaren. Wie zu Beginn des Kap. 5 erwähnt, zählt die fehlende Aufmerksamkeit des Top-Managements zu den Erklärungen für gescheiterte Strategien.

Abschließend ist festzuhalten, dass dem strategischen Controlling der Gedanke eines kontinuierlichen Prozesses zugrunde liegt [13]. Damit ist strategisches Controlling Ausgangspunkt für strategisches Lernen und adaptives Handeln (Abschn. 5.2.3).

5.2.3 Strategisches Lernen und adaptives Handeln

Bei der Umsetzung der Strategie geht es darum, die optimale Wirkung der Strategie zu erzielen. Die ständigen, vieldimensionalen Veränderungen, welche die Digitalisierung in Branchen und Geschäftsmodellen auslöst, verlangt in Unternehmen, kontinuierlich zu reflektieren, wie wirkungsvoll ihre Strategievorhaben und -entscheidungen sind. Das heißt, bei Bedarf sollten Strategieelemente angepasst werden – allenfalls muss sogar grundsätzlich die strategische Stoßrichtung korrigiert werden, und zwar nicht erst nach Abschluss der Strategieumsetzung, sondern ständig. Darum empfiehlt es sich, die bisherigen Zyklen des Strategischen Managements durch kontinuierliche Feedback-Schlaufen zu ergänzen (Abb. 2.3). In der Management-Literatur wird diese Betrachtung der eigentlichen Problemlösung und der übergeordneten Lösungsidee als „Double Loop Learning" [2] oder „übergeordnetes Lernen" [4] beschrieben. Die dadurch unterstützte Fähigkeit, nicht erst spät und kostenintensiv auf Fehlentwicklungen zu reagieren, sondern frühzeitig und lösungsorientiert zu agieren, ist ein Balanceakt. Es braucht

- kontinuierliche Aufmerksamkeit des Managements und gleichzeitig einen Diskurs mit teilautonomen Umsetzungsteams auf Augenhöhe,
- flexible Ressourcen und gleichzeitig Planungssicherheit für Umsetzungsvorhaben,
- Entscheidungsfreudigkeit und gleichzeitig Bereitschaft und Fähigkeit, mit Unsicherheiten umzugehen.

Um diese Herausforderungen zu verringern, empfehlen sich aus Erkenntnissen der Forschung und Praxis folgende Aktivitäten.

Konzipieren Sie explizit, wie die Beteiligung von Umsetzungsteams bei der Diskussion strategischer Erkenntnisse und Anpassungen aussieht. Wie bereits im Abschn. 2.4.3 erwähnt, kann die Inklusion im Sinne von Open Strategy unerwünschte Aufwände und Dynamiken auslösen. Vor allem ein Hin und Her bei der Beteiligungsintensität und den Beteiligungsrollen birgt Frustrationspotenzial. Darum planen einige Unternehmen mithilfe einer Entscheidungsmatrix von Anfang an, wer welche Entscheidungen trifft oder wer auf welche Weise an Entscheidungen beteiligt ist. Es wird dabei zwischen drei Entscheidungsinhalten unterschieden:

- Ergebnisabwägung: Die Problemlösung eines Umsetzungsvorhabens wird beurteilt, etwa: Kommt das Umsetzungsvorhaben gut voran, ist sein erzieltes Ergebnis gut oder nicht zufriedenstellend?
- Richtungsentscheidung: In welche strategische Richtung sollen Ressourcen investiert werden?
- Prozessentscheidung: Wie gehen wir vor, wer macht wann was?

Diese Entscheidungsinhalte können entlang der Phasen der Umsetzungsplanung, -durchführung und -auswertung auf die beteiligten Rollen verteilt werden. Ein Beispiel dazu findet sich in Abb. 5.3

Es sollten strategische Annahmen für die avisierten Strategieelemente definiert werden. Welche Annahmen zu Kundengruppen und Leistungsspezifikationen stecken hinter einer Strategieentscheidung und wie sind diese den Umsetzungsvorhaben zuzuordnen (vgl. Auch Abschn. 2.4.4)? Diese strategischen Annahmen sollten den Umsetzungsteams kommuniziert werden, damit sie die strategische Bedeutung ihrer Erkenntnisse wahrnehmen und mitteilen können.

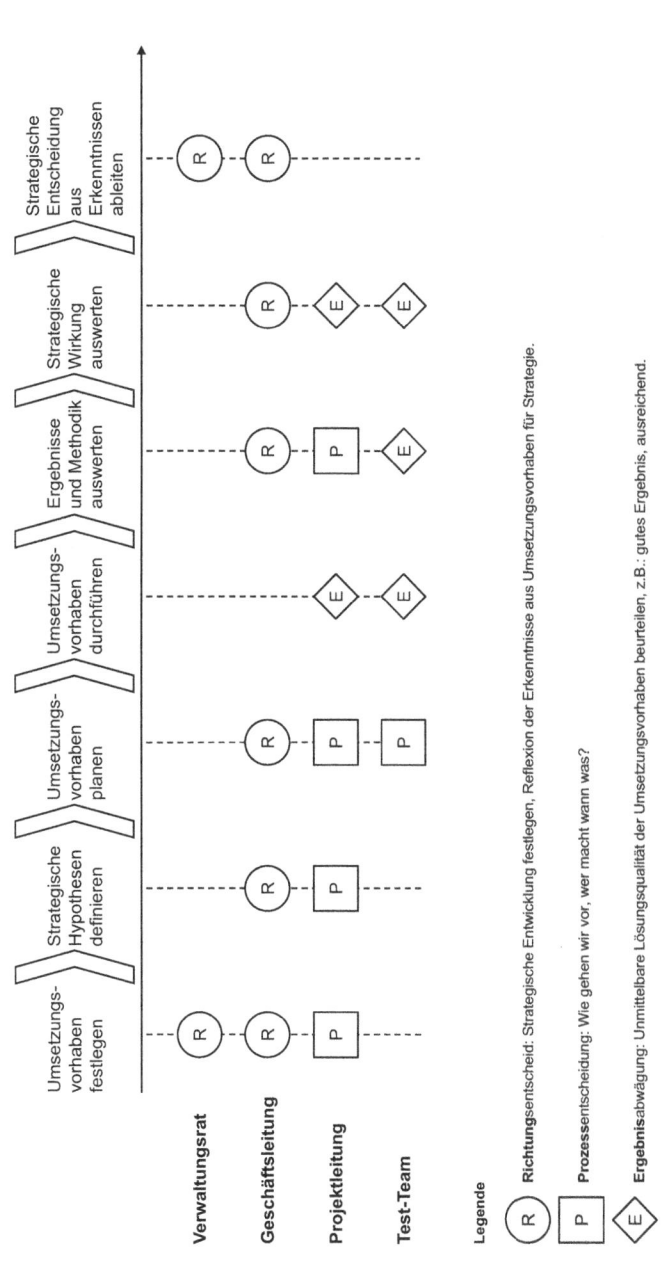

Abb. 5.3 Planung von Entscheidungskompetenzen

> **Praxisbeispiel: Medizinische Instrumente**
>
> Ein Hersteller von medizinischem Operationsbesteck hat RFID-Chips für seine Produkte eingeführt, um vom Arzt spezifisch zusammengestellte Besteck-Sets auch nach Reparatur und Reinigung präzise wieder zusammenstellen zu können. Das Umsetzungsteam war erfolgreich bei Konzeption, Zulassung, Herstellung und Vertrieb des neuen Angebots. Der Vertrieb verkaufte sowohl OP-Besteck mit als auch ohne RFID-Chip und erhielt jeweils positive Rückmeldungen für das eine oder andere Produkt. Diese Rückmeldungen wertete der Vertrieb nach folgenden Kriterien aus:
> - Quantität der positiven oder negativen Rückmeldungen
> - inhaltliche Beurteilungskriterien, die von den Kundinnen und Kunden angelegt wurden
>
> Die strategische Annahme hinter dem neuen RFID-Chip war, dass sich das Unternehmen damit für eine bestimmte Ärzteschaft gegenüber der Konkurrenz profilieren könnte. Um diese Annahme zu evaluieren, wären die Auswertung der Ärztegruppe und Bemerkungen über die Konkurrenzangebote relevant gewesen. Da der Vertrieb diese strategische Annahme nicht kannte, wurden die relevanten Informationen nicht wahrgenommen und kommuniziert.

Das Management sollte seine Tätigkeit als strategische Führung oder „Strategic Leadership" verstehen [3]. Das bedeutet einerseits, strategische Entscheidungen nicht nur sachlogisch herzuleiten, sondern sie auch für die Mitarbeitenden zu übersetzen, sodass sie ihnen Orientierung für ihre eigenen Aktivitäten und Erkenntnisse geben. Andererseits bedeutet „Strategic Leadership", sich regelmäßig mit Umsetzungsteams über ihre Erkenntnisse zur strategischen Wirkung der Umsetzungsaktivitäten auszutauschen. Ob das im Rahmen geplanter Review-Meetings – etwa im Rahmen von OKR-Quartalen Abschn. 5.1.1 – oder bei Kaffeegesprächen stattfindet, ist der Kommunikationskultur im Unternehmen anzupassen.

> **Ihr Transfer in die Praxis**
> - Versuchen Sie, anhand der bestehenden Strategie Ihrer Organisation mindestens drei strategische Ziele zu eruieren, um die Strategie zu konkretisieren.
> - Beurteilen Sie die gegenwärtige Aufbau- und Ablauforganisation. Inwiefern trifft die Maxime „structure follows process follows strategy" zu?
> - Halten Sie fest, wie die Kommunikation zur Strategie mithilfe von digitalen Lösungen verbessert werden könnte.
> - Beschreiben Sie, wie Sie Ihre Vorgesetzte oder Ihren Vorgesetzten wahrnehmen in Bezug auf die Vorbildfunktion und die Sinngebung für Ihre Arbeit.
> - Notieren Sie, woran Sie in Ihrem Unternehmen erkennen, dass die Beschreibung „agieren statt reagieren" vorherrscht – oder auch nicht.

Literatur

1. Agrawal, A., Joshua Gans, J., & Goldfarb, A. (12. Dezember 2022). ChatGPT and How AI Disrupts Industries. *Harvard Business Review*. https://hbr.org/2022/12/chatgpt-and-how-ai-disrupts-industries?ab=at_art_art_1x4_s01.
2. Argyris, C. (1977). Double loop learning in organizations. *Harvard Business Review, 55*(5), 115–125.
3. Boal, K. B., & Hooijberg, R. (2000). Strategic leadership research: Moving on. *The Leadership Quarterly, 11*(4), 515–549.
4. Brown, H. S., & Vergragt, P. J. (2008). Bounded socio-technical experiments as agents of systemic change: The case of a zero-energy residential building. *Technological Forecasting and Social Change, 75*(1), 107–130.
5. Candido, C. J. F., & Santos, S. P. (2015). Strategy implementation: What is the failure rate? *Journal of Management & Organization, 21*(2), 237–262.
6. Candido, C. J. F., & Santos, S. P. (2019). Implementation obstacles and strategy implementation failure. *Baltic Journal of Management, 14*(1), 39–57.
7. Capterra. (2023). Betriebswirtschaftliche Software. https://www.capterra.ch/directory/31031/strategic-planning/software.
8. Controlling-Portal.de (2023). Übersicht Software für Balanced Scorecard (BSC). https://www.controllingportal.de/Marktplatz/Software/Balanced-Scorecard/.

9. Firk, S., Hanelt, A., Oehmichen, J., & Wolff, M. (2021). Chief digital officers: An analysis of the presence of a centralized digital transformation role. *Journal of Management Studies, 58*, 1800–1831.
10. Gartner. (2023). Strategy execution management software reviews and ratings. https://www.gartner.com/reviews/market/strategy-execution-management-software.
11. Gupta, S. (2018). *Driving digital strategy*. Harvard Business Review Press.
12. Hess, T. (2019). *Digitale Transformation strategisch steuern*. Springer Fachmedien.
13. Hungenberg, H. (2014). *Strategisches Management in Unternehmen* (8. Aufl.). Springer Gabler.
14. Kaplan, R. S., & Norton, D. P. (2001). Building a strategy-focused organization. *Ivey Business Journal, 65*(5), 12–19.
15. Kaplan, R. S., & McMillan, D. (2021). Reimagining the Balanced Scorecard for the ESG Era. *Harvard Business Review Digital Articles*, 1–10.
16. Kaplan, R. S., Horváth, P., & Norton, D. P. (2001). *Die strategiefokussierte Organisation: Führen mit der Balanced Scorecard*. Schäffer-Poeschel.
17. Kunisch, S., Menz, M., & Langan, R. (2022). Chief digital officers: An exploratory analysis of their emergence, nature, and determinants. *Long Range Planning, 55*(2), 101999.
18. Markides, C. C. (2022). Don't confuse strategy with lofty goals. *Harvard Business Review Digital Articles*, 1–5.
19. Matzler, K., Stadler, C., Hautz, J., von den Eichen, F., & Anschober, M. (2022). *Open Strategy: Durch offene Strategiearbeit Disruption erfolgreich managen*. Franz Vahlen.
20. Menz, M., Kunisch, S., Birkinshaw, J., Collis, D. J., Foss, N. J., Hoskisson, R. E., & Prescott, J. E. (2021). Corporate strategy and the theory of the firm in the digital age. *Journal of Management Studies, 58*(7), 1695–1720.
21. Mollick, E. (14. Dezember 2022). ChatGPT is a tipping point for AI. *Harvard Business Review*. https://hbr.org/2022/12/chatgpt-is-a-tipping-point-for-ai.
22. Müller-Stewens, G., & Lechner, C. (2016). *Strategisches Management* (5. Aufl.). Schäffer-Poeschel.
23. Murakamy. (2018). OKR Beispiele – so formuliert man gute objecitves and key results. http://murakamy.com/blog/2018/10/19/okr-beispiele-so-formuliert-man-gute-objectives-and-key-results.
24. Neeley, T., & Leonardi, P. (2022). Developing a digital mindset. *Harvard Business Review, 100*(5–6), 50–55.

25. Osterloh, M., & Frost, J. (2006). *Prozessmanagement als Kernkompetenz.* Gabler.
26. Reichwald, R., & Bonnemeier, S. (2016). Kommunikation in der Wertschöpfung von Unternehmen. In M. Bruhn, F.-R. Esch, & T. Langner (Hrsg.), *Handbuch Strategische Kommunikation* (2. Aufl., S. 469–484). Springer Gabler.
27. Rüegg-Stürm, J., & Grand, S. (2020). *Das St. Galler Management-Modell* (2. Aufl.). Utb.
28. Splitter, V., Dobusch, L., von Krogh, G., Whittington, R., & Walgenbach, P. (2023). Openness as organizing principle: Introduction to the special issue. *Organization Studies, 44*(1), 7–27.
29. Stouten, J., Rousseau, D. M., & De Cremer, D. (2018). Successful organizational change: Integrating the management practice and scholarly literatures. *Academy of Management Annals, 12*(2), 752–788.
30. Sull, D., & Sull, C. (2018). With goals, FAST beats SMART. *MIT Sloan Management Review, 59*(4), 1–11.
31. Vahs, D. (2019). *Organisation* (10. Aufl.). Schäffer-Poeschel.
32. Welge, M. K., Al-Laham, A., & Eulerich, M. (2017). *Strategisches Management: Grundlagen-Prozess-Implementierung.* Springer.
33. Wheelen, T. L., Hunger, J. D., Hoffman, A. N., & Bamford, C. E. (2018). *Strategic management and business policy: Globalization, innovation, and sustainability* (15. Aufl.). Pearson.
34. Whittington, R., Regnér, P., Angwin, D., Johnson, G., & Scholes, K. (2021). *Strategisches Management* (12. Aufl.). Pearson.
35. Wooldridge, B., Schmid T., & Floyd, S. W. (2008). The middle management perspective on strategy process: Contributions, synthesis, and future research. *Journal of Management, 34*(6), 1190–1221.
36. Yukl, G. (2012). Effective leadership behavior: What we know and what questions need more attention. *Academy of Management Perspectives, 26*(4), 66–85.

6 Fazit

Was Sie aus diesem Kapitel mitnehmen

- Digitalisierung ist ein Megatrend, der die Wirtschaft- und Gesellschaftswelt stark verändert.
- Für den langfristigen und nachhaltigen Erfolg ist eine Strategie sinnvoll, die Digitalisierung angemessen berücksichtigt.
- Wesentliche Aspekte einer ausformulierten Strategie im Kontext der Digitalisierung sind Positionierung, Konfiguration der Ablauf- und Aufbauorganisation, Sicherstellung eines Wettbewerbsvorteils, Kompetenzen in ambidexterischer Führung, zeitliche Vorstellung für die Entwicklung vom Ist- zum Soll-Zustand und ein klares Bild über die finanziellen Wirkungen.
- Ein Potenzial der Digitalisierung liegt darin, den Strategie-Prozess mittels digitaler Hilfsmittel in Form von Standard-Programmen wie auch spezifischen Software-Lösungen effektiver und effizienter zu gestalten.
- Für jede der drei Hauptphasen in einem Strategie-Prozess (Analyse, Formulierung, Umsetzung) sind Aspekte der Digitalisierung zu beachten, um die Viabilität (Zukunftsfähigkeit) einer Organisation zu fördern.

Ausgangspunkt dieses Quick Guides sind Veränderungen in der Wirtschafts- und Gesellschaftssphäre, die durch den Megatrend der Digitalisierung hervorgerufen werden. Die hier dargelegten Ausführungen basieren auf der Grundannahme, dass jede Organisation, ob primär gewinnorientiert oder nicht, sowie staatliche Betriebe von Auswirkungen der Digitalisierung betroffen sind.

Aus strategischer Sicht ist es notwendig, sich mit dem Megatrend Digitalisierung vertieft auseinanderzusetzen. Mit „strategisch" ist gemeint, dass es sich um Aspekte des langfristigen und nachhaltigen Erfolgs – monetär wie auch nicht-finanziell – handelt. Für Führungspersonen stellt sich die Frage, wie durch die Digitalisierung Chancen ergriffen beziehungsweise Risiken minimiert sowie Stärken ausgebaut und Schwächen reduziert werden können.

Als Orientierungshilfe für die Formulierung einer Strategie und für die Ausführungen in einem Strategie-Dokument sind folgende Fragen als Strukturierungsvorschlag aus der Literatur abgeleitet worden [1–3]:

1. Mit welchen Produkten und Leistungen für welche Kundschaft positioniert sich das Unternehmen im Markt?
2. Wie konfiguriert das Unternehmen daraus die Wertkette (Ablauforganisation) und die Aufbaustruktur?
3. Worin genau besteht der Wettbewerbsvorteil, um sich klar von der Konkurrenz abzugrenzen?
4. Wie stellt die Führung sicher, dass Bestehendes gestärkt und gleichzeitig Neues entstehen kann?
5. In welchen Schritten und in welcher Form soll die Entwicklung vom Ist- zum Soll-Zustand erfolgen?
6. Wie genau schlägt die Strategie auf Umsätze und Kosten durch?

In den vorangehenden Kapiteln dient der klassische Strategie-Prozess mit den Phasen Analyse, Formulierung und Umsetzung als Gliederung. Für jede Phase werden bewährte Managementtools aus dem Strategischen Management vorgestellt und unter dem Aspekt der Digitalisierung beleuchtet. Nachfolgend werden lediglich die spezifischen Themen der Digitalisierung für jede Phase hervorgehoben.

In der Analyse der Branche gewinnt die Betrachtung von Business-Ökosystemen an Bedeutung. Im Zuge der Digitalisierung zeigt sich, dass fixe Branchengrenzen aufgebrochen werden. In Ökosystemen werden branchen- und unternehmensübergreifende Daten- und Informationsflüsse für kundenorientierte Leistungserbringungen genutzt. Im Kontext der zunehmenden Digitalisierung gilt es in Bezug auf den Kaufprozess zu bedenken, dass dieser an diversen Stellen oft schnell und leicht durch mehrere Personen beeinflusst werden kann.

Der Business-Ökosysteme-Trend beeinflusst auch die Mission und Vision von Unternehmen, die ihren zukünftigen Leistungsauftrag vermehrt im Zusammenspiel mit anderen Organisationen formulieren. Je nachdem, wie stark dieses Zusammenspiel im Fokus ist, leitet sich daraus die Strategische Stoßrichtung der neuen Marktstrukturen ab. Ansonsten haben sich die Stoßrichtungen der „Produktführerschaft" und „Effizienzoptimierung" durch Digitalisierung bewährt. Bei den konkreten Strategieelementen fällt die starke Individualisierung von Leistungen und Preisgestaltung für die Kundschaft auf, die durch digitalisierte Prozesse leistbar und vergleichsweise kostengünstig wird. Und selbstverständlich dominiert die Datenveredelung als neues Leistungsangebot das Zusammenspiel der Strategieelemente.

In der Umsetzung der Strategie bleibt auch im Zeitalter der Digitalisierung eines gleich: Die erfolgreiche Implementierung einer Strategie bedarf der Aufmerksamkeit seitens aller Mitarbeitenden, angefangen beim Top-Management. Mit der Unterscheidung von Umsetzungsplanung und -management wird der Aspekt hervorgehoben, der Implementierungsphase genügend Bedeutung beizumessen. Diverse Hilfsmittel, die auf einer digitalen Technologie basieren, können in der Umsetzungs-Phase Nutzen stiftend eingesetzt werden. Für die Konkretisierung der Strategie und das regelmäßige Controlling der einzelnen Maßnahmen (Ist-Soll-Vergleich) sind die gängigen Anwendungen für die Textverarbeitung, für die Erstellung von Präsentationen und für die Tabellenkalkulation sowie spezifische Software einsetzbar. Auch für die adressatengerechte und stetige Kommunikation der Strategie eignen sich digitale Lösungen, sei es durch die Verwendung von Plattformen wie einem Intranet und einer öffentlich zugänglichen Webseite oder durch die Nutzung von

Interaktionen ermöglichenden Formen wie Chats, Kommentaren und Bewertungen in sozialen Netzwerken.

Wichtig ist, dass Führungspersonen eine Vorbildfunktion übernehmen und ein strategisches Verständnis des Agierens statt Reagierens entwickeln. Die Auseinandersetzung mit strategischen Fragen endet somit nicht mit dem Erreichen eines Ziels oder dem Abschluss einer bestimmten Maßnahme. Eine Kernaufgabe der obersten Führungsebene in einer Organisation ist und bleibt, sich immer wieder Gedanken zur strategischen Weiterentwicklung zu machen, um so die Viabilität (Zukunftsfähigkeit) zu sichern.

Ihr Transfer in die Praxis

- Blicken Sie 20 Jahre in der Geschichte des Unternehmens zurück, bei dem Sie gegenwärtig beschäftigt sind. Versuchen Sie anhand der Informationen von erfahrenen Mitarbeitenden, von Geschäftsberichten oder anderen Quellen zu rekonstruieren, welche Sichtweise zu Digitalisierung um das Jahr 2000 vorherrschte.
- Wagen Sie einen Blick 10 Jahre in die Zukunft. Skizzieren Sie, welche konkreten Auswirkungen die Digitalisierung auf Ihre Organisation haben könnte.
- Nehmen Sie eine Beurteilung vor, inwiefern Ihr Unternehmen zukünftig in einem oder mehreren Business-Ökosystemen Wertschöpfung erzielen könnte.
- Überlegen Sie, welche Faktoren entscheidenden Einfluss darauf haben, ob Ihre Organisation oder eine aus dem Wettbewerbsumfeld in fünf Jahren erfolgreich sein wird.
- Notieren Sie für jede Phase im Strategie-Prozess, wo Sie in Ihrem Unternehmen ungenutztes Potenzial bei der Verwendung von digitalen Hilfsmitteln erkennen.

Literatur

1. Gupta, S. (2018). *Driving digital strategy.* Harvard Business Review Press.
2. Hambrick, D. C., & Fredrickson, J. W. (2001). Are you sure you have a strategy? *Academy of Management Exekutive, 15*(4), 48–59.
3. Porter, M. E., & Heppelmann, J. E. (2014). How smart, connected products are transforming competition. *Harvard Business Review, 92*(11), 64–88.

7

Anhang

Die folgenden Vorlagen sollen die Anwendung der vorgestellten Managementinstrumente vereinfachen.

	Beschreibung	Chancen	Gefahren
Politisches Umfeld	....	....	....
Ökonomisches Umfeld	....	....	....
Gesellschaftliches Umfeld	....	....	....
Technologisches Umfeld	....	....	....
Ökologisches Umfeld	....	....	....
Rechtliches Umfeld	....	....	....

PESTEL (Vorlage)

7 Anhang

	Beschreibung	Auswirkungen der Digitalisierung	Bewertung
Bestehende Wettbewerber			
Lieferanten			
Abnehmer			
Potenzielle Wettbewerber			
Anbieter von Substituten			
Anbieter von Komplementären			
Weitere			

Wettbewerbslandschaft (Vorlage)

	Antworten	Auswirkungen der Digitalisierung	Bewertung
Bedürfnisse der Kundinnen und Kunden?	....	....	....
Zahlungsbereitschaft der Kundinnen und Kunden?	....	....	....
Bereitschaft der Kundinnen und Kunden Daten zu teilen?	....	....	....
Ablauf eines Kaufprozesses?	....	....	....
Faktoren der Beeinflussung im Kaufprozess?	....	....	....
Einfluss der Kundinnen und Kunden auf andere?	....	....	....
Einbindung der Kundinnen und Kunden für Innovationen?	....	....	....

Kundinnen und Kunden (Vorlage)

7 Anhang

	Wettbewerber 1	Wettbewerber 2	Wettbewerber 3
Produkt-/ Leistungs- konfiguration	....	....	....
Preisstruktur	....	....	....
Vertrieb	....	....	....
Marketing	....	....	....
Innovationen	....	....	....
Positionierung Wertschöpfungs- kette	....	....	....
Weitere Merkmale	....	....	....

Konkurrenzumfeld

	2020	2021	2022	2023	2024	2025	2026	2027
Umsatz im Segment 1	....	....	....	....	....	....	....	....
Umsatz im Segment 2	....	....	....	....	....	....	....	....
Umsatz im Segment 3	....	....	....	....	....	....	....	....
Material	....	....	....	....	....	....	....	....
Marketing	....	....	....	....	....	....	....	....
Personal	....	....	....	....	....	....	....	....
EBIT	....	....	....	....	....	....	....	....
Weitere Kennzahlen	....	....	....	....	....	....	....	....

Finanzen (Vorlage)

	Antworten	Auswirkungen der Digitalisierung	Bewertung
Welche Teile der einzelnen Geschäftsprozesse sind erfolgskritisch?	....	....	....
Welche Teile der einzelnen Managementprozesse sind erfolgskritisch?	....	....	....
Welche Teile der einzelnen Unterstützungsprozesse sind erfolgskritisch?	....	....	....

Prozesse (Vorlage)

7 Anhang

	Interner Fokus	Fokus Unternehmensumfeld	Externer, weiter Fokus
Tiefe Digitalisierungsintensität	Lokale Digitalisierung zur Effizienzsteigerung in den Bereichen:		
Mittlere Digitalisierungsintensität		Vertikale Digitalisierung im Zusammenspiel mit folgenden Stakeholdern:	
Hohe Digitalisierungsintensität			Entwicklung digitaler Angebote mit: ....

Digitale Stoßrichtungen (Vorlage)

	Bestehend	Veränderungen durch Digitalisierung
Arenen: - Leistungsangebote - Markt-/Kundensegmente - Vertriebsgebiete - Kernkompetenzen - Wertschöpfungsebenen		
Differenzierung: - Image - Kundenausrichtung - Produktverlässlichkeit - Weiteres		
Ökonomische Logik: - Tiefere Kosten - Höhere Preise - Intermediärs-Arbitrage - Value Based Pricing		
Methoden der Unternehmensentwicklung: - Interne Entwicklung - Joint Venture, Kooperationen, Lizenzen - M&A		
Sequenzierung: - Geschwindigkeit strategische Entwicklung - Sequenzen strategische Entwicklung		

Fünf Elemente einer Strategie (Vorlage)

7 Anhang

	Bestehend	Veränderung durch Digitalisierung
Basisanforderungen (werden nur bei Nichterfüllung wahrgenommen)	....	....
Leistungsanforderungen (werden mit der Konkurrenz verglichen)	....	....
Begeisterungsanforderungen (erzeugen einen „Wow-Effekt")	....	....

Anforderungen der Kundinnen und Kunden (Vorlage)

	Zu tun...	Vorzunehmen durch...
Handlung: Informationsbasierte Handlungsempfehlungen für verbessertes Kundenverhalten	....	....
Sammeln: Informationen erzeugen und abrufen	....	....
Kommunizieren: Informationen übermitteln	....	....
Aggregieren: Informationen kombinieren und zusammenfügen	....	....
Auswerten: Informationen auswerten für Handlungsempfehlungen	....	....

Informationsveredelung (Vorlage)

7 Anhang

	Inhalt...	Vorangetrieben von...
Jahresziel: **Welchen Erfolg wollen wir im nächsten Jahr feiern?**		
Objective: **Welches verbesserte Kundenverhalten wollen wir dafür im kommenden Quartal ermöglichen?**		
Key Result 1: **Welches Teilergebnis wollen wir bis Ende des Quartals messen können?**		
Key Result 2: **Welches Teilergebnis wollen wir bis Ende des Quartals messen können?**		
Key Result 3: ...		

Objective and Key Results (Vorlage)

The manufacturer's authorised representative in the EU is Springer Nature Customer Service Centre GmbH, Europaplatz 3, 69115 Heidelberg, Germany. If you have any concerns regarding our products, please contact ProductSafety@springernature.com

Printed and bound by CPI Group (UK) Ltd, Croydon, CR0 4YY
25/03/2026
02078185-0004